姜龍昭著

細說電影編劇

文史哲出版社印行

世界優秀專家人才名典

中國國際交流出版社，近在北京著手編寫「世界優秀專家人才名典」出版，倖蒙該出版社青睞，將本人列名其中，並寄來該社所蒐集到的本人資料草樣，如附件，希加校對、補充、修正；爲廣交流，茲將該項資料附印如下：

世界优秀专家人才名典

姜龍昭筆名雷耳。一九二八年九月生，籍貫江蘇省蘇州市人。畢業於政工幹校新聞系第一期。曾服務於台灣電視公司任編審，中國電視公司編審組副組長，節目專任製作人，前後歷卅二年，於一九九三年退休。曾任教於國立藝專、世界新專、輔仁大學、政工幹校等校講述戲劇寫作等課程，前後卅餘年，現為輔仁大學副教授，並曾當選為中華民國編劇學會理事長。一九七八年中華書局編印《中華民國當代名人錄》，曾名列其中，另一九九一年中國名人傳記中心編印中英對照之《中華民國現代名人錄》亦被獲列名其上。十八歲開始文學創作，迄今已逾五十餘年，其作品：廣播劇、電視劇、舞台劇、電影劇本均有出版、播映。文學著作計有《碧海青天夜夜心》《長白山上》《香妃考證研究》正、續兩集《楊貴妃考證研究》《西施考證研究》《細說流行語》六冊《姜龍昭劇選五集》《李商隱之戀》《泣血　花》《飛機失事以後》《淚水的沉思》等共六十六種，上述後四種劇本，曾有中英譯合訂本問世。一九五二年即已因編寫劇本，參與比賽獲獎，迄一九九九年共獲得，「中國文藝協會文協獎章」「教育部頒發戲劇類文藝獎章」「軍中文藝電影劇本銅像獎」「青溪新文藝金像獎」「中山文藝獎」「國防部光華獎」「法務部電影劇本獎」二次，「伯康戲劇獎」二次，「金鐘獎」四座，「李聖質戲劇獎」「新聞局最佳劇本獎」「中央黨部華夏二等獎章」「中廣公司日新獎」「行政院衛生署獎狀」「軍中新文藝特別貢獻獎」「實踐研究院獎狀」「文建會舞台劇本獎」「編劇學會魁星獎」二次「台北市話劇學會最佳編劇藝光獎」……等獎勵計五十項，包括獎狀、獎章、獎金等。二○○○年金禧年來臨，特自行創設「姜龍昭戲劇獎」得獎者可獲五萬元獎金外，並須贈姜龍昭青銅塑像一尊，第一屆得主黃英雄先生，第二屆得主居留美國之沈悅女士，第三屆得主高前先生，第四屆得主丁衣先生，第五屆得主徐天榮先生，第六屆得主王中平先生，均已先後贈出。

姜龍昭地址：台灣台北縣土城市明德路一段一七八號三樓
電話：（○二）二二六一二八○一

細說電影編劇

目次

姜龍昭

◎下　輯◎

◎附　錄◎

細說電影編劇 上輯

一、細說電影編劇

民國七十二年，我先出版了一本「戲劇編寫概要」，教科書由國立編譯館審查、初審、覆審，修訂、整理，最後核定爲部定「大學用書」，由五南圖書公司出版，此後，由於我在輔仁大學執教「戲劇寫作」，依此書爲教科書又在該書再版、三版時，加以仔細的增刪潤修，三版本售罄後，又在編寫「廣播劇」、「電視劇」、「舞台劇」、「電影劇」四大章後，增加了「歷史劇」一章，九十二年十月，完成了該書四版增訂本，改由合記圖書出版社出版印行。

時代不斷向前推動，有關電影的學識，廿年來也有了不少新的變化，近年來由於科技發達，使我在年已八旬時，仍可看到一些五六十年前的經典電影，如：卓別林（Charlie Chaplin）與勞萊、哈台（Laurel & Hardy）……等影片。有感於戲劇編寫的知識與經驗需要靠學者傳承，於是我編寫了「細說電影編劇」一書，雖說目前電影市場不景氣，大部分編寫劇本，往往受市場賣座所影響難以發揮，深盼期望此書能給對電影編劇有興趣的年輕朋友，做為一種參考與鼓勵。

最後，我要說明此書的完成，承蒙洪國智先生以及小女姜蜜的協助，使得順利完成，在此向他們二人表示感謝之意。

二、電影劇本的出路

寫電影劇本的人，都關心劇本的出路，目前電影市場景氣低迷，很少有電影公司，願意投資拍電影，因為拍一部，賠一部，誰還願意，做這樣的投資。

過去，曾有電影公司公開徵求電影劇本，記得有一年，某經常拍電影的公司，出高價一百萬元稿酬，來徵求好劇本，認為有了好劇本，就可以拍出「好電影」。

一些編劇家，就絞盡腦汁，希望能高中魁首，獲得這筆獎金。經過漫長時間的等待，最後揭曉宣佈了得獎人及得獎的片名，頒發了獎狀、獎金。但是這一部片子，最後並未有拍成影片。

行政院新聞局，每年公開徵求電影劇本，自應徵的兩百多部劇本中，錄取優異者十本，發給獎金，並將劇本出版單行本，分發各電影公司，雖也有被拍成影片者，但為數不多。

民國九十四年，新聞局發佈優良劇本得獎名單，分優等獎八名、佳作獎十名，優等獎獲獎金三十萬。得優等獎者計有：張家魯《名伶》、陳孝澤《身分不明》、張友漁《小頭目優瑪》、徐元仲《愛情：請下標》、石婉舜《縫隙之光》、林靖傑《最最遙遠的路》、黃元廷《限期無償》、李儀婷《風雨中的郵路》。佳作獎十名，獲獎金十五萬元。名單如下：鄭芬芬《沉睡的青春》、梁毓芳《帝國告急》、李佳穎《空間迷向》、張佳賢《喂！水開了沒？》、魏嘉宏《椰子coconut》、莊世鴻《來拼圖吧》、陳潔曜《金門的天空》、陳緯恩《台北八個人》、方郁絜《兩儀》、黃政淵《禮物》。上列得獎名單中，迄九十六年，尚未有一部影片幸獲拍攝。

為加強電影拍片數量，新聞局還特地撥出經費，可以申請拍攝「輔導金」辦法由電影公司提出劇本、拍片計畫及預算，由新聞局邀請電影界：學者、導演、編劇、演員組成評審團，評審送來申請拍攝輔導金的作品，有一年，我有幸擔任評審委員，看了不少劇本，優勝者通過拍攝時，給與輔導金，有的一千萬，也有的補助五百萬元，政府對電影事業的輔導，可謂：出錢又出力。

但電影是一種綜合的藝術，除了劇本以外，還得靠：導演、演員卡司及製作條件的配合才行，有些劇本，拍成影片，叫好不叫座，也是無可奈何的事。

不過，擔任電影編劇，在寫作劇本以前，必須注意下列的幾項前提：

(一)市場需求，電影是一種商品，要符合市場的需求，不能只顧自己的藝術品格，一般的藝術電影，外國的電影有人可以賞識，國內電影，若拍「藝術電影」，只可供少數人欣賞，注定是賠錢貨。

㈡電影是花錢的商品，花大成本，可以拍好片，但大成本花下去，不一定能收的回，所以編劇先要與製片人商量妥當，否則劇本完成後不能拍。大家都傷腦筋，目前傾向「小兵立大功」，希望小成本，能拍出好片。

㈢電影劇本的編寫，可以是創作，也可以是改編他人的文學作品，凡改編的劇本，在拍攝之前，務必要先徵求原作者的同意，否則完成後，引出「版權糾紛」，打起官司來，可就麻煩多了。電影劇本，目前的出路，不像小說那樣有寬廣的市場，若要靠編寫電影劇的人來維持生活的話，那是很困難的，現實一點，還是寫「電視劇」比較實際，當然，更重要的是靠你的實力，與知名度。

三、電影編劇應具備的修養

編寫電影劇本的人，應具備的條件如下列各項：

（一）文學基礎：

1. 多研讀中外文學作品及電影劇本。
2. 多吸收他人編劇經驗。

3.不分中國古典的還是西洋翻譯、原文。

4.多深入研究體會。

(二) 戲劇知識：

1.戲劇與小說、詩、散文等文學作品不同，它有其獨特的特性。

2.很多小說可以改編成戲劇，也有很多小說不適宜改編成戲劇。

3.小說是平面的，電影是立體的。

小說是文學的，電影是語言的。

小說是細膩的，電影是緊湊的。

小說是真實的，電影是編寫的。

小說是生活的，電影是構造的。

小說是知識的，電影是通俗的。

(三) 瞭解電影：

電影是戲劇的一種，與舞台劇、廣播劇、電視劇均不同，必須瞭解鏡頭的運用，影片的剪接、以及蒙太奇等手法運用，電影的手法，又必須推陳出新，才能引人入勝。

（四）人生經驗：

戲劇是表現人生的綜合藝術。人生經驗就像一齣戲，戲有長也有短，有枯燥也有精采，有失敗也有肯定，有開始也有結束。

從你出生到現在所遇到的任何人、事、物，都會對你造成有形、無形或潛在的影響，包含你的外貌、性格、說話……之類的。人的一生經歷過大大小小的事，再由這些事情中，悟出一些道理，就成爲自己的人生經驗。將人生成長過程的「所學所爲」、「所聽所聞」、「所經歷過的喜怒哀樂」，慢慢從中體會、學習、領悟，累積起來成爲經驗，然後表現在劇作上，便可以深刻動人。如缺乏經驗也可以從參觀、訪問特定對象、看參考書籍，實地去觀察中充實自己。

（五）寫作技巧：

1. 寫作要講究文字上的技巧，說話的技巧，如何深入淺出打動人心。
2. 收集俗語、諺語、歇後語、俏皮話，也必須與眾不同。例如：一張紙畫一個鼻子——好大的面子，帽子爛了邊——頂好，烏龜鑽籬笆——大概（蓋）通不過。

（六）專門的知識：

與劇情有關的專門知識，如音樂片需要音樂專業知識、病痛涉及醫學知識、癌症要切片檢查、戰爭涉及軍事知識等、判刑要懂法律知識等，多半要向專家請教，或翻閱書籍得來。

（七）美學修養：

電影編劇者不但要有豐富的人生經驗更需兼具一定程度的美學修養。其中包括：

1. 畫面之美：

電影畫面展現時間的流動和瞬間的靜止，畫面中的景象或者人物似乎和真實世界雷同，也可能是現實的投影。好的電影在於一種自然的流暢感，因此作爲電影編劇者，在畫面的佈局似乎要有意義，但不過份造作。

2. 內涵之美：

內涵是指人的內在涵養或素質，包括品性、學問、修養、禮儀、談吐、氣質。如能多充實自己的內涵，自然就能夠表達一些真正自己的看法，寫出一部很好的劇作。

3. 人性之美：

電影反映人生，也對人性有相當的刻劃。不管是性善還是性惡，都必須對人產生關心、好奇心，並且隨時保持赤子之心，才能夠深刻的描寫人物性格。

四、電影的特性

電影是戲劇的一種，它與舞台劇、地方戲、電視劇、廣播劇等戲劇有相同之處，也有不同之處，茲分四方面來剖析其特性：

（一）藝術性：

電影一般人稱之謂第八藝術，是繼美術、音樂、舞蹈、雕刻、建築、文學、戲劇等七種藝術後的一種新興藝術，也綜合了以上多種藝術之大成。

所謂藝術與科技不同，藝術的要求必須：

1. 超凡脫俗：

平凡、低俗不能稱爲藝術，超凡、脫俗，一般人不易做到的才是藝術，在內容上要比一般人「突出」。

2. 難人之難：

很容易做到的不能稱藝術，很難做到的才是藝術，難人之難，是要有「深度」。

3.日新又新：

藝術要求不斷的推陳出新，日新又新，不是模仿抄襲，所謂「藝術貴創造」，要比別人「新」，才能受人注意。

因此藝術不能速成，必須慢工出細活，越能符合上述要求，其藝術成就越高。

（二）商業性：

電影是藝術品，同時也是商品，必須要有人願意購票來看，有吸引力賣座的電影，才有人願意投資拍攝。

所謂商業性，是講求「將本求利」花小錢賺大錢，爲求賣座可以迎合觀眾所追求的。商業與藝術要求經常發生衝突，叫好的電影不一定叫座。

電影編劇爲適應電影之商業特性，除了要有藝術素養外，還必須要有商業頭腦，才能編出叫好又叫座的電影。

（三）教育性：

電影是社教工具之一，最具說服力，比一般學校教育、家庭教育的功效，更爲普遍而深入。

好的電影必須「寓教於樂」，不是正面的說教，而是使人在潛移默化中受到感動，接受及教訓，若干犯罪、偷盜等不良行爲，其細節不可過份強調，以免產生反教育的不良效果，使人學壞，這點十分重要，編劇人員不可忽略的。

(四) 娛樂性：

電影除了社交工具外，也是一種最廉價的娛樂，很多人看電影的目的，並不在乎有無教育意義，但求娛樂輕鬆一下身心。

娛樂與教育，猶如藝術與商業，彼此互相完全不能融合。電影編劇不能忽視娛樂的特性。所謂趣味分高級、低俗兩種，電影應走高級趣味的路子，避免低級迎合觀眾。

五、電影發明簡史

最早的名詞 **Kinema** 是希臘語，含意爲「活動」；日本最初稱電影爲「活動寫真」，後又稱「映畫」；我們中國南方人稱「影戲」，北方人稱「電影」。電影是誰發明的，有多種不同的說法：

1. 美國人說：電影是愛迪生（Edison）發明的。
2. 法國人說：電影是婁米爾兄弟（Lomiere）發明的。

3.德國人說：電影是史克拉達諾夫斯基（Skladanowsky）所首創。

基本上，電影是許多人不斷研究，由少數人集其大成而慢慢不斷改進才發明的。

人類發明的電影，是因「照相幻燈」與「視覺殘存」的原理，不斷實驗結合的結果。

根據科學家實驗，人的眼睛有「視覺殘存」的現象，形像映入眼膜後，可以保存十分之一秒的時間才消失，公元前一仟餘年，埃及有一個大寺院，有101根大的柱子，上面畫著不同形狀的女子、不同舞姿，騎馬經過時，看見該大寺院柱上的女子似在跳舞一般，就是視覺殘存的原因。西元二八二八年，比利時光學作家瑟安持瓦利利用「圓板旋轉」裝置，將運動連續變成形像的連續運動。

西元一八三四年美國人威廉喬治賀訥，有圓桶的活動年畫。

西元一八一六—一八二九年法國人聶普司潛心研究可以持久不衰的映像，惜未成功即往生，之後有達哥爾接續研究，於西元一八三七年完成了「銀板攝影法」，爲法政府正式通過爲達哥爾攝影術，需在烈日下，呆坐20－30分鐘，始能完成一張照片。

西元一八七七年美加利福尼亞州州長李蘭．史丹福與英國友人艾德辛．梅勃立奇，爲馬奔跑時，是否四腳 離地的問題發生爭執而打賭，請來一位德國攝影家約翰．愛薩克用24架照相機不斷拍攝馬奔跑時的情形，結果證明馬奔跑時確實是四腳離地的，使李蘭．史丹福輸了很大一筆賭注。

法國科學家馬萊因此觸動靈感，於西元一八八二年發明了「攝影槍」，在一秒鐘內可拍攝12張鳥飛翔的不同照片，用的是硬的底片，後來西元一八八五年馬萊與柯達公司的創辦人喬治·伊士曼合作發明了軟片，可以捲成一圈，電影發明的困難就迎刃而解了。

首先，有愛迪生發明了「活動電影窺視箱」，於西元一八九四年紐約百老匯公開展覽，放映的軟片只夠一分鐘，內容是一位先生打噴嚏。

在愛迪生後一年，西元一八九五年，法國人婁米爾兄弟發明了另一種放映機，用軟片攝影了形象，再用強光射在布幕上，並決定了無聲影片每秒16格的間動標準，獲得了極大的成功。

西元一八九五年德國人史克達拉夫司基，也發明了Bioskop放映機，可放映電影。

西元一八九六年愛迪生，進一步發明了映射式的電影機。

電影娛樂的首席推廣者是法國人喬治密立司，成爲第一位電影製片家，他發明了淡入、淡出、重疊、跟鏡頭等諸項特殊技巧，爲後人沿用至今。

西元一九〇二年後世界各國相繼設立電影院，當時放映的都是無聲電影。

西元一九〇五年有了迭司克（Disc）有聲電影，是影片與留聲機配合放映。

西元一九一九年福奧萊，集前人研究軟片錄音之陸續完成「福奧」軟片，不久由於電子管的發明，有聲電影正式興起。

第一部有聲電影是在西元一九二七年十月六日正式在美上映，片名「爵士歌手」，片中盡是歌唱，不久全是對白的「紐約之光」完成，從此成了有聲電影的天下。

物理學家麥克斯威爾，發明自然色物體影像之彩色方法，是彩色攝影的鼻祖。最早的彩色電影，是在西元一九二九年的「舞台春秋」，到了西元一九四一年音樂歌舞片興起，使彩色影片擡頭，黑白影片漸趨沒落。

二次世界大戰後，電視崛起，電影爲了爭取觀眾，乃向「立體」求發展，美國人佛賴德華納首先發明新藝拉瑪（Cinerama），用一架裝著三個鏡頭的攝影機拍攝影片，再用三部特殊的放映機，放映在銀幕上，第一部片子片名叫「這就是新藝拉瑪」，是一風景片，頗爲轟動，惜拍攝成本過高，難以爲繼。

另一種「天然視覺」（Vision）電影，是密爾頓君茲拍密爾頓朱連兄弟所發明，西元一九三七年有「紅綠眼鏡法」的立體電影，片名「布華納魔鬼」，觀眾紅綠眼鏡戴久了，眼睛會感到疲勞，因此也未能盛行。

此後有一種「新藝綜合體」，身歷聲電影應運而生，由法國光學教授克里頓發明「變形鏡頭」而創製，用普通的35釐米的攝影機上加一「壓縮鏡頭」拍攝成軟片，放映時再加上一擴展鏡頭，用弧形六十四呎寬、二十五呎高的大銀幕，放映方便，受到歡迎。

另有一種「超視綜藝體」（vista vision）將銀幕再加高與之平分秋色。

普通電影：高寬比例——1：1.33

新藝綜合體——1：2.55

超視綜合體——1：1.85

西元一九五六年美國米高．陶德發明了「陶德AO」電影，拍了一部「環遊世界八十天」，用128度Big Eye攝影機，所拍之最廣闊畫面的電影。

新藝綜合體，後已進展到55新藝立體，用55釐米攝影機拍好的軟片，翻印到35釐米軟片上放映，畫面更清晰，逼真有立體感，後又有70釐米的新藝立體之電影出現，台北曾映過「卡士達將軍」，但也可能成本過高，此類影片出品不多。

最早電影傳入中國是在西元一九〇六年（光緒三十二年），於上海頤園放映，西班牙人雷瑪斯親自放映，影片爲法國百代公司和高蒙公司拍的新聞片、紀錄片或風景片，票價頭等六角、二等四角，每晚九至十二時放映。光緒三十四年雷瑪斯因此發財，開了虹口大戲院，後又有別的洋人開幻仙大戲院，以後，此類戲院一天天增加。

中國人自己開始拍的電影，最早的約有兩種說法：一說是在北京拍的「定軍山」。光緒三十四年名伶譚鑫培主演，另一說是在宣統元年，美國人布拉斯基拍的「西太后」與「不幸兒」二片，均係新聞片，比較可信的是在民國二年美國人伊什爾，到中國來組織「新良公司」拍的「黑籍冤魂」和「大劈棺」，由鄭正秋編劇，係劇情片，第一次世界大戰爆發後，伊什爾回國，拍片工作停頓，有一中國人黎民偉組織「民新公司」拍「莊子試妻」，民國二年，又有亞細亞公司成立，拍「難夫難妻」，鄭正秋編劇。

民國二年商務印書館職員鮑慶申自美返國，帶回一部份拍電影器材，拍了電影「天女散花」、「春香鬧學」等片，此時外國劇情影片已進口、輸入，相比之下，國片居下風。民國九年商務印書館又派郁厚培自美購入最新器材，民國十二年新的攝影棚正式成立。

民國十年有但杜宇等人組織「上海影戲公司」拍「紅粉骷髏」，由殷明珠主演，她是但杜宇夫人，是第一部女人主演的電影。翌年鄭正秋，任矜蘋、周劍雲等人組織「明星公司」，得到美國哥倫比亞，葛雷谷教授的指導，成立「電影學校」。

民國十二年有16大本的「孤兒救祖記」的長片推出，轟動一時，民國十二年到十七年，上海有二、三十家電影公司紛紛拍片。

民國十四年，邵醉翁辦「天一公司」，其二弟邵邨人、三弟邵仁枚，六弟邵逸夫，後成立邵氏公司。

民國十九年止，拍攝出來的均是無聲電影。

最早的有聲電影是民國二十年拍，用唱片放聲，胡蝶主演的「歌女紅牡丹」、第二部「魚美人」。

最早的彩色電影是民國三十八年拍的「錦繡天堂」，爲胡蝶主演，劇情是平劇的「鎖麟囊」。

六、電影編劇常用術語

電影編劇，取景部分、取人部分、鏡頭部分、多半運用術語，或英文簡寫，說明如下：

（一）取景部分：

1.大遠景：（Big long shot）

普通多半在大場面時用之，畫面照很多人，但也有例外，只照外景或少數一、二人者，近年來有運用模型者，亦採用此類鏡頭。

2.遠景：（Long shot）

距離較大遠景為近，多半是在外景時用，內景若是面積很大，亦可用之。

3.全景：（Full shot：F.S）

全景距離較遠景為近，內景外景均可通用，多半在一新景出現時用之。

4.中景：（Medium shot）

距全景為近，不分內、外景在戲中進行時，有多人出現時，多半採用中景，使觀衆可以看見多人的地位與不同的反應。

5.近景：（Close shot：C.S）

距離較中景爲近，以人爲對象，多半在一、二人演戲時用之，或強調景、物時用之，使觀眾看清楚。

6.特寫：（Close up：C.U）

距離較近景更近，在特別強調人物之臉部表情或重要動作，或某一道具物品時用之，西元 1908 年格里菲斯所創。

7.大特寫：（Big close up：B.C.U）

比特寫更近的鏡頭，使觀眾看後有強烈的感受，例如：只照人的口、眼、眉或是手槍口、鐘擺、符號等。

8.內景：（Interior）

屋內的景，在攝影棚內搭景拍攝或實景拍攝，如客廳、書房、咖啡廳。

9.外景：（Exterior）

屋子外的景，如海邊、田野、在郊外拍攝，也有在攝影棚內搭景拍攝。

10.鳥瞰攝影：（Bird's eye view ）

居高臨下拍攝之鏡頭，多半是外景，有時內景也用，介紹大自然情形或主觀鏡頭，利用高架或直昇機拍攝。

（二）取人部分：

1.全身：（Full Figure shot）

照一個人的全身，頭部以上要留空白，坐、臥包括在內。

2.頭部：（Head shot）

頭部以上之鏡頭，多半劇中人在說話時用之。

3.過頭：（Over head shot）

鏡頭從另一個人頭部穿過去，照另一人或是其他景物謂之過頭，多半是兩人在談話時或一主腦人物背後，取景頭時用之。

4.胸上：（Bust shot）

照胸部以上畫面，多半是在主要人物演戲時用之，與頭部交錯使用，與頭部不同之區別，可看到服裝。

5.過肩：（Over shoulder shot）

鏡頭從另一人肩部穿過去，照另一個人胸上之畫面，多半是二人談話時用之，或故意不露背、人真面目時用之。

6.半身：（Waist shot）

照人腰部以上之畫面，與胸部以上鏡頭交互使用，古裝劇用的較多。

7.膝上：（Knee shot）

照人膝蓋以上之畫面，用的不多，有矮人出現時用之，或一高一矮演員演戲時採用，躺在床上常用。

8.腿上：（Thigh shot）

照腿以上之畫面，不包括全身，古裝戲多用之，避免小腳穿幫。

9.低角景：（Low angle shot）

低角度攝取畫面，使人物顯得渺小。

10.高角景：（High angle shot）

高角度攝取畫面，使人物顯得高大。

11.一人像：（One shot）

二人以上之畫面，鏡頭攝取其中之一人。

12.二人像：（Two shot）

兩人的畫面鏡頭，照兩人，一人取正面，一人取背面，或兩人皆取正面或背部。

13.一組像：（Group shot ）

三人以上之場面，鏡頭只攝取其中一組人之畫面，或四人打麻將牌，取一組像。

(三)鏡頭部分

1. 重疊鏡頭:(Superimposed)簡稱 Super

二種不同畫面,重疊在一起變成一個畫面,重疊的情形,區分如下:

A:完全重疊:二個畫面完全重疊。

B:部分重疊:二個畫面部分重疊。

C:mask 重疊,利用 mask 特殊的形狀,在一小部分畫面重疊。

2. 推拉鏡頭:(Dolly in、Dolly out)

推入(Dolly in)開麥拉推近所攝之目的物,由遠而近,由遠景變成中景、近景。拉開(Dolly out)開麥拉由近而遠,逐漸遠離所攝之目的物,由近景而變成中景、遠景;多半在戲開始或結束時使用之,在內景時常用。

3. 驟鏡頭:(Zoom)

驟入 Zoom in,驟出 Zoom out,其效果與推拉鏡頭相似,不同點是 Zoom lens 裝在開麥拉上,不用移動攝影機,速度較推拉爲快,可以驟然變遠景爲近景,或特寫,在拍外景時常用。習慣上一些快節奏的動作片用驟鏡頭,慢節奏的文藝片則用推拉鏡頭。

4. 跟鏡頭:(Truck、Fallow)

開麥拉跟著所攝的目的物，保持一固定的距離，一致行進，有左跟、右跟之區分。其作用在介紹動的人或事，有不同地背景變化，外景時用的較多，內景中用的較少。

5.搖鏡頭：（Pan）

開麥拉從左到右或從右到左攝取畫面，有右搖、左搖之分，攝取之對象包括靜態的風景或佈景環境，也可以包括動態的人物或物體，其作用如下：

A：介紹環境背景時用之，多半新景出現時開頭的鏡頭。

B：變化畫面，使靜的畫面產生動感。

C：代表劇中人眼睛的主觀看法。

D：顯示人物性格、職業、貧富、知識水準之描述常用手法。

6.抬鏡頭：（Tilt）

開麥拉由上而下，或由下而上攝取畫面，有抬上、抬下之區別，多半在介紹人物或物體時用之，與搖鏡頭相反，其作用如下：

A：介紹垂直型物體或強調某一人物時用。

B：神祕人物真面目的揭露，用由下而上抬鏡頭。

C：喜劇電影，上、下不一致之對比時用之。

7.升降鏡頭（Pedestal）

開麥拉裝在升降機上，（內景），外景裝在直昇機上，從高而低，或由低而，高攝取畫面，效果較平面好看，有立體感，近年來用的甚多。其作用如下：

A：平面看時會阻擋視線時，可用此鏡頭。

B：劇中人物起飛、上升或降落，主觀的看法。

C：使畫面變化有立體感，圖案變化時用之，歌舞片較長採用此手法。

8.旋轉鏡頭：（Round）

開麥拉行180度弧形旋轉攝取目的物或是用背景畫面旋轉，造成動感。例如：日片「荒城之月」，例如：西片「翠堤春曉」

一片中的背景旋轉。其作用如下：

A：使靜的畫面有動的變化。

B：背景的變化，表達劇中人的心情。

9.穿越鏡頭：（Gobo）

開麥拉穿越某一種物體後，再攝取目的物，近年來電影上使用極多，手法千變萬化。穿越之物體分靜態與動態兩種：

靜態——透明的：玻璃窗、灰塵、雨水、蜘蛛網。

半透明的：面紗、蚊帳、網、簾、柵欄、籠。

不透明的：斷牆、洞、孔、門、花、樹、輪子。

動態——雨、雪、霧、落葉、人體，穿越人體之腳，或手、軀幹；一部分。

穿越鏡頭的作用：

A：可增畫面的深度與美感。

B：加強戲劇之氣氛。

C：戲劇上的某種含意或暗示。

D：增加神秘朦朧的感覺。

E：表示時間和季節的變化。

10. 折射鏡頭：（Mirror）

開麥拉利用某一種物體之折射作用去間接攝取目的物，折射之物體，包括鏡子、反光鏡、三菱鏡、玻璃、水平面、螢光幕、發光桌面、大型鋼琴面。其作用如下：

A：增加畫面之變化與美感。

B：配合劇情之需要與發展。（偵探警匪利用迴光鏡追蹤）

11. 對映鏡頭：（Reverse Angle）

開麥拉利用物體之對映畫面，攝取正反皆有之鏡頭。其作用如下：

A：增加畫面之變化與美感、上下相對稱、跳舞、溜冰。

B：以對映來強調不同點，使觀眾產生反應。如水面先是水上、水中二人畫面之對映，後一人分離，變成只剩一人之畫面。

12.傾斜鏡頭：（Oblique）

開麥拉以傾斜角度攝取畫面，使觀眾收看時有傾斜之感。其作用如下：

A：暗示所照者是不正常之人物，例如：歹徒、兇手、刺客、黑道首領等。

B：代表劇中人在不正常情況之下的主觀鏡頭，如：酒醉、頭昏。

C：不正常情況下之畫面，如：船遇風浪、打鬥。

13.分割鏡頭：（Split）

畫面分割成若干塊，同時映出若干不同之畫面，有如拼盤一般，有濃縮之意味，近年來很流行。其作用如下：

A：在同一時間，不同地點進行相同情節，拼在一起演出。

B：不同的時間，不同的人物做相同的事，也可拼在一起。

C：同一人物在不同的地點，做不同的事，也可拼湊在一起。（好的、不好的均可）

D：同一人物，做相同的事，在不同的時間，不同的地點，也可拼湊在一起。

14.分光鏡頭：（Spectroscope）

開麥拉上裝有三菱鏡，使畫面出現三個或以上相同之畫面，歌舞片、音樂片常用之。

其作用如下：

A：增加畫面之變化與美感。

B：配合劇情之需要，如：眼花撩亂、恐怖氣氛，或鼓掌、哭泣。

15.震動鏡頭：（Shake）

開麥拉攝取畫面時震動，使影片有震動感。其作用如下：

A：配合劇情之需要，如：地震、轟炸、飛機失事。

B：代表劇中人物的主觀鏡頭，如發抖。

16.快速鏡頭：（Accelerated motion）

開麥拉攝取畫面後，放映速度加快播映，使畫面呈現不正常的跳動感。其作用如下：

A：增加滑稽、喜感、使人發笑。

B：代表觀眾的客觀看法。

17.慢速鏡頭：（Slow motion）

開麥拉攝取畫面後，放映時慢速播出，使畫面產生優美的感覺。其作用如下：

A：使快的動作變成慢動作，使觀眾看得仔細。

B：一種興奮或得意的心情，用慢動作表達。

C：文藝片的手法，使之有詩意。

D：武俠片打鬥、或開槍射出之子彈，行進過程。

18. 倒放鏡頭：（Reverse）

開麥拉順序拍攝畫面後，倒轉來放映，使畫面產生反常的情景。其作用如下：

A：武俠片跳高牆，或特技接飛刀等均用之。

B：魔術家變魔術時用之，如：打破瓶還原。

C：喜劇片造成喜劇感時用之。

D：劇中人的幻想，使不可能成爲可能。

19. 呆照鏡頭：（Production still）

開麥拉攝取畫面中，突然停止在一格上，使影像造成呆照不動。其作用如下：

A：增加畫面之變化，使情緒凍結。

B：在影片開始時介紹演員出場或結束時常用之。李小龍之「精武門」一片最後將李小龍跳起，停格在空中，不掉落下來。

20. 詭異鏡頭：（Strange）

開麥拉上裝設凹凸鏡或哈哈鏡，使畫面上的人物變得畸形、扭曲，產生恐懼感。其作用如下：

A：配合劇情。

B：恐怖片。

C：鬼片常用。

七、戲劇的種類

戲劇分爲悲劇、喜劇、笑劇、悲喜劇、情節劇、佳構劇等多種。而究其實；悲劇和喜劇是一切戲劇中最爲重要的，因爲我們發現許多戲劇的基礎和本質，不是悲劇，便是喜劇。以下僅逐一說明悲劇、喜劇以及笑劇。

（一）悲劇：

我們很難爲悲劇，下一個確當而完善的定義。

自亞里斯多德以來的一般理論家們，在探求悲劇本質上都未完全成功，因此很多研究此一問題的學者，都曾遭受批評或責難。自愛斯庫洛斯（**Aeschylus**）以來的劇作家，常常有成功的悲劇產生，同時，亞里斯多德的「淨化」（**catharsis**）學說，極爲接近悲劇的定義。

亞里斯多德在其所著「詩學」第六章論悲劇時說：「藉引起哀憐和恐怖的情節，完成這些情緒的 **catharsis**」。以前學者大多將 **catharsis** 這個字譯作「淨化」。以爲悲劇可以淨化哀憐和恐懼兩種情緒中不潔的成分。十九世紀法國學者貝來司（Bernays）肯定catharsis是醫學上的一個術語，意爲「發散」。「發散是一種治療法，例如：體膚有膿汁淤積成腫毒時，可以用藥物「發散」去。希臘常患一種宗教狂，情感過度興奮，以致全神不寧。它們醫治這種病的方法是使病人聽一種狂熱的音樂，音樂把作崇的情緒「發散」後，病自然痊癒。人生來就有哀憐和恐怖的情緒，如果不發洩，便會淤積起來，釀成苦悶。

可是怎麼完成哀憐與恐怖兩種情緒的Catharsis，經一般戲劇批評家研究，認爲哀憐和恐怖，是劇中必須發生流血慘劇的意思。這種解釋也有其事實根據，在歷來的悲劇中確實有很多這類的作品，如亞格門儂、安蒂貢勒等。

然而悲劇中也有許多不發生流血情事的作品，例如：霍爾華茲的逃亡者（Fugitive）一劇，述一被詩人所拋棄的女人，因不慣墮落的生活而自盡的故事，其中並無流血慘事。自從有了這種悲劇以後，於是一般批評家佑休幀他們的解釋，認爲悲劇的結局雖未必是流血，但總是難免死亡，這種修正，雖然範圍較爲廣泛，但仍然有問題，易卜生的「傀儡家庭」以女主角娜娜出走爲結局，雖然劇中並無死亡，但我們不能否認「傀儡家庭」是悲劇。於是又有了「凡結局不圓滿者，謂之悲劇」的說法。「洞房花燭夜」該是很圓滿了吧，然而力虛（Rish）的埋伏（Ambush）一劇，雖然以結婚爲終場，竟也被公認爲是悲劇。

上述的各種定義都可以用來說明悲劇，然而都不甚完備。亞里斯多德的「淨化」說着重在悲劇的作用。「流血」和「死亡」的說法，是從一部份悲劇的要素上的觀察。「結局不圓滿說」是從觀眾產生的印象而言。

本來，從希臘伊士奇起，到現代的悲劇家為止，期間悲劇有許多的演變，因之各時代的悲劇理論和論調難趨一致。要研究悲劇，應該從各方面去尋求答案，尤其不可忽略的，是悲劇發展的歷史過程。在戲劇史上，我們發現三種不同的悲劇。那便是：

(1) 命運的悲劇：

希臘悲劇，大都屬於這一類型，描寫命運是萬能的主宰，可以支配神、人，它是一切的上帝。劇中的主人公因為懦弱，虛榮、剛愎、不敬……或是其他別的原因，墜入命運的陷阱裡，但他還自覺的企圖避免悲劇的發生，因而奮鬥、衝突，結果他終於失敗。莎福克利斯所編「伊底帕斯王」（Oedpus The King）一劇，可算是這種悲劇的最好例子。

此劇敘述：底白斯（Thebes）國王萊優斯（Laius）與王后卡斯塔（Jocasta）因將得子，卜神求論，神論說，他不久將可獲子，但此子將來必弑父淫母。後來卡斯塔果生一子。國王時時戒懼於神論，便命一僕人將子棄諸荒郊，以絕後患。僕人奉命後心有不忍，遂將這棄兒送到科林斯（Corinth）國王陂里白斯（Polybus）的宮裡，時陂里白斯正無後，便將這棄兒嗣子收養，賜名伊底帕斯。那時萊優斯年紀漸老，在將他親身兒子拋棄後的第十三年，他又往 Dephi 處去求神論。

不幸在歸途中被人狙擊而死。繼承王位的是國舅克里翁（Creor），他即位不久，國內 sphind（一種毒惡的怪獸）危害甚劇。克里翁不得已乃下令說，能爲民除害者，願以王位禪讓，並將其姊（即萊優斯之后）許配給除害者。

那時伊底帕斯已長大，有人告訴他，他並非陂里斯王之子。他甚爲懷疑，遂往 Dephi 處去求神的指示，神對其疑問並無答覆，只說：「我將做人人厭惡的兒女們的父親，和弒生父的兇手。」當時他以爲陂里斯王是他的生父，恐回宮犯逆倫大罪，便遠離故國往外流浪。一日，偶過一三岔路口，遇一乘車老人，老人命他讓路，並以長鞭痛擊他，伊底帕斯怒不可遏，乃以配劍擊殺老人，原來是他親身的父親。這時他聽說新國王在徵求爲民除害的人，他應徵以後，不久果然將那怪獸除滅，於是便登上了伊底帕斯王的位子，而娶了他親身的母親佐卡斯塔。後來從談話中，佐卡斯塔把從前的事情都透露出來，她說神諭曾經告訴萊優斯，他的生命將被己子所殺，於是萊優斯爲避免禍害，乃將其子棄諸荒野，後來萊優斯經三岔路口被害。伊底帕斯聽後，如遭晴天雷劈，他追憶過去，不禁痛哭流涕道：「從前是保佑萬民的救主，如今一變而爲萬惡的罪人。」於是佐卡斯塔自縊而死，伊底帕斯自行殘傷自己的雙目。

這齣悲劇中的人物，始終無法擺脫命運的支配。儘管人類努力掙扎，仍然無補於事，這種題材的產生，顯然和那時代的宗教背景有密切的關係。以後的劇作家極少再採用。

（2）性格的悲劇

關於這類的悲劇，在希臘的悲劇中，可以米底亞（Medea）一劇爲例，在羅馬的塞尼加（Seneca）的悲劇中，屬於這一類的極不少，迄至莎士比亞出，這種悲劇的發展，才進入登峰造極的狀態。在莎翁的悲劇裡，每個悲劇的主人公，皆具有性格上的弱點。號稱四大悲劇之一的哈姆雷特（Hamlet）一劇便是極好的例子。該劇敘述：

丹麥王子哈姆雷特在大學裡求學，忽聞父王崩逝。及歸，則見母后已改嫁皇叔，皇叔復被群臣推選爲王。哈姆雷特受此刺激，心痛欲裂。某夜，他在守望台上目睹先皇的幽靈，鬼魂告訴他，乃爲皇叔所暗殺，叮囑哈姆雷特替父報仇。哈姆雷特於是立志報仇，但爲慎重計，佯作瘋狂，暗中偵察謀殺的證據。老臣浦龍納斯有女名奧菲麗亞，素與哈姆雷特友善，但浦氏恐哈姆雷特婚事不能自主，所以警告女兒謹慎，以免愛情誤施，遺憾終身。奧菲麗亞順從父命，璧還哈姆雷特所贈情詩和禮物。哈乘機在她面前大演瘋癲的把戲。因此大家就認爲他是因失戀而致瘋狂。皇后爲著使兒子開心，請來一班戲子來宮中演劇取樂。哈姆雷特點了一齣戲，是表演一個皇后和她的情人謀殺親夫的故事，請母親和叔父來看，藉以觀察叔父的反應。果然叔父心中有病，看了這齣戲，即知哈的預謀，當堂大怒，拂袖而去。而哈也得實證，相信謀殺的事是真的了。

當他奉召去見母后時，經過叔父的寢宮，便拔劍向前，要刺殺那不共戴天的仇人。可是他忽然停止了，自己解釋說：「他現在他正在祈禱，正在洗滌他的靈魂，要是我在這個時候結束了他的生命，那天國的路是爲他開放著，這樣還算是復仇嗎？不，收起來，我的劍，等待一個更殘酷的機會罷，當他酒醉以後，在憤怒之中，或是在荒淫縱慾的時候，在賭博、咒罵、或是其它邪惡行爲的中間，我就要他顛躓在我的腳下，讓他幽深黑暗不見天日的靈魂永墜地獄。」他便這樣輕輕放過復仇的機會。但他到了母后的宮中，卻錯殺人。原來老臣浦龍納斯爲要偵察哈姆雷特母子的談話，佯言保護皇后藏在幔後偷聽，被哈發覺，以爲是皇帝，便一劍將他刺死。

翌晨，皇帝派哈姆雷特到英國收稅，準備在中途派人刺殺哈姆雷特以絕後患。奧菲麗亞因父親浦龍納斯慘死，愛人瘋癲，長兄遠客異域未歸，以致悲痛發狂，墜江而死。浦氏之子萊爾提斯從法國回來大鬧宮廷，嚴索兇手，皇帝允許幫他復仇。當哈姆雷特從去英國的途中潛回，在奧菲麗亞墳前與萊爾提斯衝突之際，皇帝乘機挑撥兩人比劍，並陰與萊爾提斯合謀，到時萊可以毒劍刺哈，若不中，皇上將以毒酒賞哈，以圖萬全。結果哈勝，皇后大喜，替他喝下毒酒，登時斃命。在比賽過程中，哈亦被萊所持毒劍刺傷一處，哈心知有異，乃以巧妙技術奪換萊手中之劍，還刺萊身，萊中毒劍自知不免一死，乃盡述皇帝陰謀，哈恨極，殺叔於眾前。有頃，隨即長逝。

哈姆雷特悲劇的形成，是由於他的性格上的懷疑和躊躇而致，這和伊底帕斯王、米地亞完全不同。莎士比亞將悲劇的原因放在人物性格的懦弱上，而塞尼加則放在人物性格的願望和雄圖上。

（3）時代的悲劇

近代的悲劇大屬於這一類。人是社會的動物，個人不能離群而獨立生活，因此每一個人都必須依附於所處的社會，所以他便不得不受環境的支配。人都有向上追求自己理想目的的願望，假如不識路途，便會誤入歧途，或是偶不經心，便會失足墮落。這是社會環境下不可避免的現象。人們生存於社會，便不得不和社會奮鬥，和環境衝突，若因不幸而失敗，那便成爲悲劇。易卜生所作的許多悲劇，大多屬於這一類，茲舉其作品「國民公敵」（An Enemy of the people）一劇爲例：

在一個以溫泉著名的小鎮裡，衛生主任施德曼醫生，一日發現浴池中的水含有毒菌，經過檢驗後，知道毒菌的產生是因爲水管日久陳腐而起。他報告政府，提議全鎮的浴室，停業一個時期，以便重新裝修。但政府不予採納，因爲此鎮的繁榮，全賴溫泉浴池。若浴池停業，則其他商業，如旅社、飯店、交通業皆受影響，恐將不願惠顧。那麼這個城市，遊客一稀少，一定冷落不堪。因此，全鎮的人，由政府以至一般民眾，都爲著本身的利益，反對施德曼醫生的提議，更設法禁止他揭發毒菌的消息。於是形成一個鬥爭的陣容：一邊是施德曼醫生，一邊是全鎮的人民。政府和人民都站在自私的立場上，不約而同團結在一起，實力雄厚，但施德曼醫生獨自站在真理與公益的立場上維護正義，理直氣壯，並不示弱。他雖被他們指爲國民公敵，受全鎮的攻擊，但終究他能威武不屈，大膽的將關於毒的報告公諸於世，藉免遺害遊客。他的不屈服惡勢力的精神終於獲得勝利。

以上三種的分析和說明，對於悲劇的意義，將可窺知其大概了。此外我們還要研究的問題，便是悲劇中的英雄。

悲劇的特質，在注意人物的描寫，所以每一齣悲劇中，都有一個中心的或是對於劇情的關係較重要的人物，這個人物，便是所謂悲劇中的英雄（Hero）。

亞里斯多德以爲悲劇中的英雄，是一種既非純然善的，也不是存心作惡的人物，他之所以陷於悲劇的境遇中，完全由於人類所具的弱點。

悲劇中英雄，雖不是盡善的完人，但其爲人，自有一種高貴的氣質或偉大的人格。如果那位英雄不是一個具有非凡才氣的人，便難獲致觀眾的同情。並且他那種凌厲勇邁，昂然與命運相鬥爭的精神，也絕不是一般平常人都能具有的。

劇作家在他的劇本中佈置他的悲劇英雄，大概有兩種方式：一種，是居於主動的地位，例如伊士奇和愛爾菲里（Alfieri）的歐萊斯脫（Oreste），莎士比亞的「麥克白斯」（Maebeth）等是。在這種佈局之下，全劇的情節，差不多完全依據悲劇英雄的思想與情感而產生。另一種，是居於被動的地位，莎士比亞的李爾王便是一例。李爾王在第一幕中的地位雖是尊爲國王，但是那幕是無關緊要的，自這一幕以後，他的三個女兒的行動，就比他自己更重要了。

還有些劇本，劇中的英雄不僅一個，而有兩個，悲劇的發生便在兩個人格的衝突。例如奧賽羅（Othello）一劇中，究竟誰是劇中的英雄呢？前面固然是奧賽羅，但後來的中心人物卻由 Jago 取而代之了。

自從莎士比亞時代以後，悲劇的傾向，漸漸缺乏明顯的英雄，悲劇的產生是由一群人相互衝突，或是和他們環境衝突。例如「怒吼罷中國」（Roar China）一劇，劇中並無明確的英雄。又如高爾基（M.Gorky）的夜店（Lowerdeptls）描寫一群城市裡的下流人物，也沒有明顯的英雄。至於霍爾斯華綏的兩部名劇「法網」（Justi-ce）和「鬥爭」（strife）中，也難以尋出顯明的英雄，那意志薄弱的書記，那資本家，那工人領袖，都不能算是劇中英雄。在兩劇中，英雄的地位已經被另一種不可見的威力所代替，所以這種悲劇，不是某一人的悲劇，而是一種社會制度的悲劇。

（二）喜劇

亞里斯多德的詩中論喜劇的一部份已經散失。就所存的殘編斷簡看，他的主張也很近於「鄙夷說」。他以爲喜劇所模倣的性格，較我自己稍低下，但所謂低下，並非全指凶惡，可笑性只是一種醜。他說：「喜劇把人物描寫成較惡於眼前的人」，又說：「喜劇描寫可笑的事物」。所謂「較惡的人」，並非泛指一切種類的劣點（fault）

而是指特殊的一類，即「可笑的」（the Ridtculous），它是一種醜（the-Ugly），「可笑的」可以解釋爲「不予他人痛苦或災害的過失或醜陋」。在歐洲文藝復興時期，許多學者都從形式上來區分悲劇和喜劇，認爲悲劇是順境開場而終於慘局或不圓滿，喜劇則以逆境開場而結束於圓好。又認爲悲劇的名詞必須莊嚴典雅，喜劇的言詞不妨俚俗淺顯。但丁（Dante）說：「喜劇源於村歌，與其他詩式不同。它與悲劇在風格上和取材上又完全不同，悲劇是先美滿而後悲慘，喜劇卻正相反。「神曲」開篇寫慘戾的地獄，故恐怖陰森，結尾爲天堂，乃美滿悅意。且文辭俚俗淺顯，遂命題爲神的喜劇。」

亞里斯多德對於喜劇所下的界說，很值得我們注意。至於專從形式上來立說的，似嫌太牽強。希臘悲劇亦不乏以大團圓作爲結局之例。因之「表現災禍若是逗人發笑的叫作喜劇，如果引人恐懼的便叫悲劇」的說法，也同樣犯了形式論的錯誤。喜劇並不一定要照字面解釋，結局一定要是「喜」的，或所選擇的材料一定要充滿喜氣的。相反，喜劇的結局也常有「悲」的，而取材多半是針對不合理的生活，予以諷刺或指引。喜劇的任務不只是取笑於觀衆，它在笑裏還隱藏著人生的痛苦與悲哀，它在笑裏暗藏尖鋒與利刃。

如果悲劇的任務是在模倣一件嚴重而偉大的事情，藉以引起觀衆的「憐憫」與「恐怖」，使其感情因而得以「淨化」，那麼喜劇的任務便是借一段故事，描寫一些人物的習尙，使觀衆在詼諧和諷刺裡產生一種批評的心理，讓他們去比較和選擇。悲劇是情感的，它總是對於人生的缺憾或痛苦做同情的吶喊。喜劇是理智的，它常是很理性的藉諷刺以批評人生糾正人生。無論是喜劇或是悲劇，都對人生各有其意義，義大利喜劇家哥爾獨尼（Goldoni）說的好：「諷刺可以校正人的錯誤，劇場可使變成一防止錯誤發生的學校。」

最先的喜劇學說，也責究於幸災樂禍的心理。伯拉圖在「斐列布斯對話」中分析喜劇的心理，他以爲看喜劇所引起的悲喜交集的感情乃由妬忌。他說：「不美而自以爲美，不智而自以爲智，不富而自以爲富，都是虛僞的觀念。這三種虛僞的觀念弱則可笑，強則可憎。假如我們的朋友存著這些虛僞的觀念而對於他人卻無損害，他們不只是可笑嗎？」他認爲這種「曚昧」也是一種災禍。「我們笑朋友愚蠢時，快感是與妬忌相聯的。我們已承認妬忌在心理上是一種痛感，然而拿朋友的愚蠢做笑柄時，我們一方面有妬忌所伴的痛感，一方面又有笑所伴的快感了。」伯拉圖這種以妬忌爲笑的動機說明喜劇心理的初期學說，影響實在不小。以後許多研究喜劇心理的學者，大都受其影響。

英國哲學家霍布斯（T. Hobbes）的「鄙夷說」即從伯拉圖而出。他在「人類本性」（Hobbes：Human Natuye）裡說：「…凡是令人發笑的必定是新奇的，不期然而然的。」他以爲「大家看慣的事物，就變成平淡無奇，也不足令人發笑。」在他看來，「笑的情感顯然是由於發笑者突然想起自己的能幹。人有時笑別人的弱點，因爲相形之下，自己的能幹愈易顯出。人聽到「詼諧」也發笑，這中間的「巧慧」就在使自己的心裡見出旁人的荒謬。這裡笑的情感也是由於突然想起自己的優勝。」「如果我們自己或是親戚相關的朋友成爲笑柄，我們決不發笑。所以我們可以斷定說：

笑的情感只是在見到旁人的弱點或是自己過去的弱點時，突然念到自己某些優點所引起的「突來的榮耀」感覺。這種學說在近代附和者頗多。不過它不能解釋一切事實。例如兒童的笑是天真的流露，同情的笑是親善的表示，情人的倩笑是甜美的呈現，這些笑都沒有鄙夷的意思，也不是突然感到榮耀。「鄙笑」（scorn）只是笑的一種，不能包括一切的笑，霍布斯的錯誤即在此。

除了霍布斯，德國康德（kant）的「乖訛說」（Incongruity）也很值得一提。他在「美感判斷的批評」裡說：「一種緊張的期望突然歸於消失，於是發生笑的感情。」，因爲可笑的事物大都呈不倫不類的配合，我們根據尋常事理所引起的期望如此，而結果卻不如此，笑便是期望消失的表現。後來叔本華（Arthur schopenauer）將此說加以引申，認爲笑乃起於期望的消失，而期望的消失則起於「感覺」和感覺所依附的「概念」有乖訛。他並且舉過一個實例：巴黎某戲院的觀眾有一晚要求奏「馬賽曲」，經理不允，大家於是就鬧起來。一位警察站在台上去維持秩序，向觀眾解說：凡沒有在節目裡的東西，都不能演奏。聽眾之中有一個喊著問道：「警察先生，你自己呢？你也登在節目單裡嗎？」，全場聽到這句話都哄然大笑。叔本華以爲一切笑都可以作如是觀。

法國大哲學家柏格蓀（H. Bergson）的「論笑」（Laughter）一書問世後，他的學說也被人們重視。依他看來，笑有三大特點：第一，笑的對象限於人事。只有人纔可笑，自然景色有美有醜，有可愛，有可惡，卻沒有可笑的。見動物或用器發笑者，大半因爲它們而聯想到人的拙劣。第二，笑是不關痛癢的，和強烈的情緒絕不相容。在見人言行拙劣而引起哀憐和憎惡時，我們決不會發笑。既然笑，心中並沒有深厚的感情。笑的趣味完全是理智的。第三，笑是須有回聲，須有附和者。單獨一個人很不容易發笑，笑要有同情的社會來推波助浪。這種社會是有限制的。某社會中的人對於某種笑話纔會發笑，同是一個笑話換一個社會就不易引人發笑，所以喜劇最難翻譯。

概括的說，霍布斯的「鄙夷說」和康德的「乖訛說」出世最早，其影響也最大。前者從感情出發，後者從理智出發。還有「自由說」「遊戲說」「潛意識說」以及「歡樂表現說」，也是從情感著眼。叔本華、立普斯以及柏格蓀則係從理智著眼。柏格蓀特別強調喜劇是屬於理智的，和情感絕不相容。這是諸家學說出發點的衝突。再就諸家學說比較來看，霍布斯把笑完全看作是惡意的，義斯特曼（Eastman）把笑完全看作是善意的，柏格蓀說笑有實用目的。薩列（sully）說笑是一種遊戲，多數學者以爲笑是喜感，伯拉圖後來的幾位德國學者則以爲笑之中雜有痛感，柏格蓀以爲可笑的事物是生氣的機械化，笑是個人對於社會習俗的反抗，佛洛伊德以爲笑由於心力的節省，沙迪司（Boris sides）以爲心力本有餘裕纔會發洩於笑。這些學說真是歧異。它們雖然各有其乖誤之處，但亦有其部份的真理。笑的原因甚多：呵癢所引起的笑是屬於生理的，小兒嬉笑乃由於歡樂，見人笑臉相迎的笑是表現親善，醜拙的言行所引起的笑是本於鄙夷，是批評的，是屬於理智的。喜劇家應該明白笑的來源，懂得日常生活的笑，然後以藝術的手法將它搬上舞台，那便是喜劇了。

在喜劇中，我們可以從下列各方面獲得笑的來源：

（1）由於肉體：

帕斯格爾（pascal）在論思想一文中說：「兩個相像的臉」雖然他們本身都無使我們可笑之處，但如果把他們列在一起時，則他們的相像之點，便會引起我們的發笑了。」這就是由於肉體而引起的笑。我們在銀幕上看到哈代和勞萊（Hardy and Laurel）那倆個不調和人物時，我們也會禁不住笑起來。這乃是因爲他們兩人的肉體不稱（disproportion）所致。又如在大庭廣眾前演講者，正說得起勁的時候，忽然打了一個噴嚏，聽眾便會大笑起來，此種笑是因爲聽眾們的注意突然從心靈轉到肉體的緣故。

（2）由於動作：

此種笑最普遍，在日常生活中，隨時可以遇到。尤其在笑劇（Farce）中，有很多的滑稽動作，足令觀眾發噱。

（3）由於情境：

這一類的笑，非由事物的狀態，乃是由於情況的尷尬、重複、矛盾或湊巧。例如莫里哀的吝嗇人（Lavare）劇中：一個債主與債戶，兩從來沒見過面，有一天碰到了，原來一個是父親，一個是兒子。這種情境便尷尬得可笑。又如：你在街道上行走，遇到一位久別的朋友，這情境並無可笑處，若在同一天之內，連續遇到他好幾次，便會覺得重複的好笑。又如一個潑辣的女人，強逼她的丈夫料理家務，並且叫她丈夫將應做的事逐一記入日記簿上。有一次，她失足掉到水溝裡，因爲這件事未記入日記簿，所以她丈夫不願拉她起來。這情境便矛盾的笑。又如有一位客人突然衝進客廳，恰巧撞上一位夫人，夫人又撞著一位老頭子，老頭子側頭向窗邊一讓，把窗上的玻璃打落在一個經過窗口的警察的頭上。這情境便湊巧得可笑。

（4）由於對話：

喜劇中很多笑話，大都是由於劇中人的對話。例如：僞君子（Faux Bonshmmes）一劇中一對母子的對話：

母：孩子，股票交易的賭博是很危險的，你今天贏了，明天還是輸了。

子：好吧，那麼我隔天再去賭一次吧！

又如劉別謙（Labiche）的笑鬧劇中也有一段可笑的對話：

樓下的人：你把你的煙管子裡的灰燼弄在我的走廊上，是什麼意思呀？

樓上的人：你把你的走廊放在我的煙管子下，是什麼意思呀？

（5）由於性格

在莫里哀的熱心的醫生（L Amour medeoin）一劇中，有兩個不同性格的醫生。一個是慢性子，他講話甚慢，每一字音好像斷斷續續連接不起來，而另一位則是個急性子的，因太性急了，竟急得話都說不出來。這兩種性格對照起來，殊爲可笑。又如戴維思（H. H .Davies）的寄生草（The moliuse），因主人公特別懶惰的性格，而產生許多可笑的事情來。

在喜劇藝術的歷史上，最光輝的一頁應該讓給法國的劇作家。法國的劇作家在他們的作品貢獻了許多精緻而趣味濃厚的人物，他們的描寫也是特別細膩而純正。他們將喜劇與悲劇的界限劃分甚爲清楚，絕不允許在寫喜劇時，發表嚴重或沉痛的言論，以致使觀眾的情感爲之緊張，也絕不允許在寫悲劇時，突然加進一段滑稽的穿插，致使悲劇的氣氛受到損害。號稱喜劇權威的莫里哀，他的創作態度十分嚴謹的。他可算是一個人生清醒的批評者，在他的劇本中，他諷刺那守財奴，譏笑那賭徒，挖苦那醫生，他的態度是冷靜而公正的，他使用詼諧詞句和滑稽的場面，可是並不摻雜絲毫的感情作用。

在希臘時代，喜劇的任務就是以理性去糾正人生的缺點，及後，很多的喜劇家都懂得遵循這規範去從事創作，不然喜劇藝術將流爲謾罵、誹謗、刻薄、攻擊、嘲弄、玩笑、鄙夷…之類的東西。

喜劇的內容和體制也因時而異，最顯著的有下列三種：

浪漫的喜劇（**The Comedy of Romance**）所謂浪漫的喜劇，就是劇中的浪漫氣息很重，情節的怪誕離奇，幾乎是不可能的。每一劇中的人物，總有幾個比其他的角色富有浪漫色彩。應用幽默Humour比應用機智的地方多，並且在劇中常將情感摻雜進去。莎士比亞早期的喜劇作品中，幽默佔著主要的部分。從他的天才，從他的詩句中，可以得到一種純潔的愉快，以及一種不可言喻的逸趣，幽默是調和統一背景和人物的媒介。其所引起的笑，不是哄堂大笑，而是一種滿足的微笑，所感發的愉快，是精神上的愉快，而不是表面喧笑的勃發。在這類喜劇中，有一種不幸的命運常在流盪著，令人不能恣情地笑，知道有所節制。莎士比亞有好多喜劇都屬於這一種類。

幽默的喜劇（**Comedy of Humour**）幽默喜劇之盛行，始於彭約·強森（BenJohnson）。他的喜劇和浪漫的喜劇不同，他的劇本中不十分注重Humour，卻著眼於人物的誇張和諷刺，他的描寫和莎士比亞截然不同。他注重在描寫人類普通的弱點，而少及於當時人類的行爲風尙。他最大的優點是用寫實的手法，注以諷刺式的深刻的幽默，將人類可笑之處搬上舞台。這種喜劇雖名爲Humour，其實並不十分重視幽默，他偶然也運用機智，但大半仍依賴諷刺。他將現實生活寫進喜劇，是他最大的成功處。

世態的喜劇（**Comedy of manners**）。此種喜劇正如其名，它與上述兩種喜劇有別。它仍然具有幽默的氣氛，但不如彭約·強森那樣過份誇張。在世態喜劇中也很少浪漫的成分，所描寫的大都是當時社會生活的習尙頑劣部份，背景是都市社會，諷刺的對象大都是想擠入上流社會的人物。它的調子是輕敏而充滿著才華，虛幻而又細膩，它重在智慧而輕於情感。莫里哀、康格列(Congreve)毛姆（somerset maugham）柏爾曼（Samuel N. Behrman）等人都有頗爲優秀的世態作品行世。

此外，近世還有以直率反映社會醜態爲能事的社會喜劇（social Comedy）以及追求幻想爲目的的怪誕喜劇（Grotespue Comedy）。因限於篇幅，姑且從略。

（三）笑劇

笑劇（Farce）在實質上，應該是喜劇的一種。最初的喜劇。甚至亞里斯多芬的喜劇，都大半帶有濃厚的滑稽性。後期的羅馬的喜劇實在也只是通俗的笑劇。在以前笑劇和喜劇之間似乎沒有什麼顯著的分別，伊莉莎白時代的人們似乎都具有如此的觀念。本來的特質在令人笑，笑劇的目的也無非是引人發笑。可是笑劇和喜劇仍然有其區別，未可混爲一談。

笑劇的特質在憑藉劇情的滑稽，及喜劇演員的表情、動作。如果說喜劇之可笑是劇中的人物和人物的性格，那麼笑劇的可笑便是那人物的有趣了。所以笑劇的內容必曲折，使觀眾不絕地感受樂趣。至於人生中是否有這種情形，是否有這樣的性格，在笑劇中似乎並不太重視。因爲他過分的誇張，對於人生便不免有欠忠實的弊病。笑劇的本質如此，不能苛求於它。

八、電影轉場技巧

電影是分場表演的，上一場與下一場之間，必須轉場，轉場因兩場相隔時間的長短，有所區別，因此技巧也有所不同。茲分別說明如下：

一、切：（Cut in、Cut out）：（切入、切出）

A畫面轉成B畫面時，中間如同刀切一般，一刀兩段毫無瓜葛，上一場與下一場時間，緊接時用之。

二、化、溶：（Dissolve in、Dissolve out）：（溶入、溶出）

A畫面轉成B畫面時，A先淡化下去，尚未完全消失時，B畫面化入，兩畫面中間有重疊過程，然後A消失，B進入代替之，上一場與下一場之間，有一段時間過程時，用之。如上一場與下一場，中間隔了幾天，或一星期時，就用化或溶。

三、淡：(Fade in、Fade out)

A畫面轉成B畫面時，A先淡化下去，要完全消失後，變成黑白，B畫面才淡入代替，中間無重疊之過程，上一場與下一場之間，有相當長時間間隔時，用之。

四、劃：(Wipe in、Wipe out)

A畫面劃去一部分，後由B畫面劃入一部分，替代之，多半自左至右，也有自右至左，至A畫面完全消失沒有，畫面完全進入，多半兩場時間平行的戲，用之。

五、簾：(Vignette)

A畫面自上而下消失一部分後，由B畫面進入替代，至全部變成B畫面，使用情形與劃相同，只是不同的方式，是自上而下。

六、絞：(Iris)

A畫面自外而入絞成一點消失後，由B畫面進入替代，至全部變成B畫面，使用情形與劃相同。

七、快搖：（Quick pan）

A畫面用快速搖的方式消失後，由B畫面進入替代，多半是同一影片中，多次採用此快搖方式，維持一種特色。

八、變換焦距：（D.Focus）

A畫面消失前，先變換焦距，使畫面模糊，然後由B畫面進入替代，至全部爲B畫面爲止，多半是回憶、往事，或夢境、幻想時用之。

九、定物轉場：（Fixedly）

A畫面固定照某一人或某一物，某一景，固定不動，停滯相當一段時間後，表示已轉入下一場，多半於上一場與下一場，同景又隔一段時間用之。

九、電影音效技巧

電影除了鏡頭畫面以外，對白部份、還有旁白；配音部份，有音樂襯底，音樂、效果也很重要，會影響全劇之氣氛、韻律，不可不注意及之。

一、旁白：(Off Scene；簡寫 O.S)

1.報幕：說明故事的時代背景或地點。配合字幕，古裝劇介紹時代背景必需用之。

2.心聲：劇中人心裡想說的話，或已逝去的人，或已不在的人曾經說過的話。

3.回憶：包括劇中人自己說過的話，或他人的話。

4.書信、報紙、字條，把文字用聲音唸出來。

5.畫面以外的聲音：

A：鏡頭以外的聲音、門外人說話聲。

B：鏡頭故意不照說話人的臉，先照外景，慢慢再出現說話的人。

6.迴音：

A：天然的深谷迴音。

B：人自己的心理上的迴音。

二、配音：(Back ground；簡寫 B.G)

1.循常理配音，喜劇配喜劇音樂，悲劇配悲劇音樂。

2.反常理配音，喜劇配悲劇音樂，悲劇配喜劇音樂，多半是諷刺片。

3.有時以配音來代替對白。

4.有時爲了強調配音，可以不配音。

5.有時爲了適應劇情，適時在對白後配音，以增加氣氛。

三、音效：(Special effect；簡寫 S.E)

1.實有的聲音，槍砲聲、火車聲。

2.想像的聲音，劇中人心裡的一種想像的聲音。

3.氣氛的聲音，配合劇情之需要而產生的聲音，如掌聲、笑聲、音樂、歌唱。

4.誇張的聲音，把微小的聲音，予以誇張擴大，如心跳、鐘錶聲、遠處腳步聲。

四、音樂：(Music；簡寫 M)

1.主題音樂：電影主題曲的音樂襯底。

2.實有的音樂，劇中有歌曲之演唱時，有如插曲，或劇中有音樂演奏時。

3.想像的音樂，劇中人心裡想像的音樂，例如：劇中人回想已故的親友還在世時，所彈奏的音樂。

4.氣氛的音樂，配合劇情的氣氛需要。

十、劇本的韻律

在電影裡，我們有時看到田野裡風吹稻穗，波浪似的飄動；或是熱帶海島邊，棕櫚樹葉似舞者般在空中搖擺；或是馬蹄落在石子路上，發出「得、得⋯⋯」的聲音；或是月夜野外蛙鳴，此起彼落，唱個不休⋯⋯這些畫面和聲音，使觀眾獲得和諧的美感，那是什麼原因？答案是：韻律（**Rhythm**）。

韻律，和氣氛一樣，看起來很渺茫，說起來又那麼搖擺不定。實際上，倒是自然界最平常、最原始的現象。也可以說是生物運動最基本的要素和原則，我們只要稍微的注意一下，便可以察覺它的存在。

自然界恆常存在著韻律：大如地球的運行，及其所造成的四季變化，一年復一年的規則反覆變化；小如生物傳遞生命的代代過程，由出生到死亡，都是韻律的過程。在這不斷運行的宇宙中，每一樣事物都具備著韻律——運動之後跟著休息；動作之後跟著恬靜；夜以繼日，週而復始。在我們的身體中，這種韻律在心臟的跳動表露無疑。連走起路來，左右的步伐和左右手的擺動，也是韻律的一種。進而言之，自然界中一切，風吹、草動、浪潮、蟲鳴、鳥叫等，都在這一範疇中運動著。

這樣說來，韻律並沒有什麼稀奇，可是，這些都是「廣義的韻律」，平常我們所說的韻律，是屬於「狹義的」一種，也就是音樂性的一種，作爲音樂元素的一種。這兩者之間的不同，後者是經過了「藝術的」薰陶和洗鍊；前者卻是自然的存在，並沒有經過「藝術的加工」，而我們要探討的正是後者。

美國當代著名藝術理論家費德曼（**Edmund Bwrke Feldman**）論到韻律，有一段精闢的介紹，他說：

> 韻律一詞，基本上應用於詩和音樂，與時間的量度有關，但是「看」也要時間，而從觀看的立場，在有節拍的情形下去看，則最有效、最愉快。所以無論是藝術的演出或作品，在觀看時有助於節奏趨勢者，當全部官能集中於視線時，很可能促進愉快的反應。舉幾個運動的例子，也許說得更明白。看打網球是很有趣味的，部分原因是雙方互相長抽的節拍，發球發的好，有戲劇性的效果，但是在節拍的意義上便不夠滿足。美國式的足球比賽，比其祖先英國式足球，在節拍上似乎更使人滿足，因爲美國式足球在攻防戰鬥中，更明顯地看出雙方相互的節拍，看英國式足球像看鬥劍，不容易感覺律動。英國足球的行動有更大的連續性，但是至少美國人看來「結構」不夠明晰。

在一般常識中，談到韻律，就會想到「速度」（tempo），這兩種互爲層次，卻不能混爲一談。速度是專指時間的快慢——它說明一種運動（包括聲光和物體）一個變化的緩急，而韻律是指這種運動的有規律，合法則的進行。因此，又稱做「律動」。

這種有規律，合法則的進行，包括運動每一份量的距離、強弱、和反覆。而這三者構成了韻律的要點。

通常韻律是包括著節拍，但在音樂上，爲了更精密的運用，總是把它們分開著。節拍只是精密的把延長連續的聲音，作時間上等量的分段，構成一小段、一小段的「拍子」。而並不如韻律的包括強弱和反覆的特性。所以，從整個看來，韻律又和旋律在音樂中有同樣的地位。

自然，韻律多半是指「聲音」方面的，但在空間藝術上，倒也有同樣的主要地位。在繪畫中，我們常用「層次」來替代它，其實它們是藝術的雙生子，非常酷肖，甚至可以說是同一的東西。在國畫理論中，充分說明「層次」的性質，好像韻律一般，色彩有濃淡，光度有明暗，形體有密疏，團塊有聚散，可以造成視覺上的間隔，反覆和強弱。在文藝理論中，也重視層次分明，抑揚頓挫，虛實相生，也是韻律的表現。

在戲劇中，描寫的人事，謀劃有成敗，事業有進退，際遇有福禍，心境有悲喜，人物有散聚，可以造成情感上的韻律，在間隔、強弱和反覆中，編成有情感的情節。就如莎士比亞的四大悲劇，所結構的劇情，是繼續地一起一伏，一張一弛，使得觀眾的情緒，亦不斷的上升與低落。對於劇中正面人物的前途，時而滿意有望，時而恐懼擔憂。而在全劇將近結束時，那振激精神、動人心魄的事情，必然愈演愈急，愈來愈速，那禍福的轉移，關係的改變，也愈來愈頻，愈後愈捷。在全劇的高潮頂點，必然的把韻律的間隔愈縮愈短，愈逼愈緊。這都是說明，一切文藝，不論音樂、繪畫、文學或戲劇，都要有適當的韻律，才能產生藝術的效果。

電影的韻律，應用得比其它藝術更廣泛而有效果。它具有音樂中的韻律，也有繪畫中的層次，更有戲劇中情緒變化的反覆和加強。同時，它更有電影藝術本身所特有的韻律。那就是通過攝影機的運動，人物的運動，所產生的韻律。以及每一小段電影連接時所產生的畫面變換的運動，造成強烈的電影藝術的特殊韻律。

電影和舞台劇的表現方式，最大的相異之處，就是電影畫面可以變動視點和目標間的距離。視點接近目標時，畫面上的目標就會擴大，拉遠時，目標就會變小，畫面中容納了它四周許多景物。這種距離的變化，是由於攝影機和目標物的運動來完成。這運動的速度，方向和延續時間的變化，會產生間隔、反覆和強弱的韻律變化。好像攝影機拍攝奔馳中的馬，和拍攝在河流航行的船隻，兩這之間的韻律完全不同。那是目標物運動的例子。但在攝影機和目標間的距離，如果加以調整，用近距離拍攝河流中航行的船，用遠距離拍攝奔馳的馬，韻律又不相同了。在觀眾的感覺上，帆船的運動是加快了，而馬的運動是變慢了。再以攝影機和目標間方向上調整視角，以迎面衝來的方式拍物體的運動，和垂直方向拍物體的運動，所得效果，快慢完全不同。在這種變化中，把每個不同速度變化的畫面連接起來，就能產生不同的韻律。

電影中每小段畫面的長度，就是代表他的放映時間，各個畫面的連接，由於攝製的遠近和內容的變異，會產生畫面變換運動。這運動構成電影藝術的韻律的特殊功能。每個鏡頭（即一小段片段的畫面）呎數較長時，放映時韻律就會顯得變慢，情感反應變得沉重和遲緩。如果把每個鏡頭拍的較短，放映時韻律就變快，情感反應變得明朗、愉快和激動。所以，電影韻律是跟著每一個畫面變換的時間（長度）來變換，產生不同的情緒反應。畫面越短，變換越快，韻律就跟著加速。因此，在拍喜劇時，每個鏡頭拍的比較短；悲劇片時鏡頭就會拖得較長了。這是產生不同韻律，不同情緒反應的方法。

在一部影片中，什麼地方應該把韻律變慢，這在導演的心中，早有規劃，立下腹案，攝製後再經剪輯，就會產生預期的效果。其實，更確切的說，是在編劇者的構想中，就已規劃了韻律。

在電影中，韻律自然不像音樂、繪畫等藝術中那麼明朗和單一，它有著更高的複雜的組合。因爲它是有機地融化在每一部門裡，使全片成一支樂曲，一個韻律的流動。

再從演員來說，他的整個表演便是全部樂曲的韻律的進行，這裡不單是指他的呼吸、聲音，更指他的表情、動作和姿態，而這一切又是融合的、統一的整體。最明顯的例子，是演員說話時，如何根據劇情需要來分配音的強弱、頓挫、抑揚、以及停頓。那些聲音非常合拍子，進入我們的耳鼓，這正是一種韻律的美妙的運用。同時，一個演員的動作的明朗，圓熟的進行，這也是同一的韻律在進行。

最重要的間歇，它是韻律中的轉捩點，最高的表現，所謂「沒有表情的表情」、「沒有聲音的聲音」，就是指間歇。它使韻律的進展，特別在高潮中顯示了驚人的效果。《軍火庫》一片中，被壓迫的人想刦奪軍火庫的前數分鐘，德軍嚴密的巡查著，人們用遲鈍的眼神，呆木的表情看著德軍，最初還聽到德軍的皮靴踏在石板地上「的的⋯」的響，後來連這聲音都沒有了，全片陷入可怕的靜寂中，大家都呆立不動，在難堪的靜態中，正醞釀著大風暴，達到高潮的頂點。這個韻律的間歇安排得非常成功，在銀幕上靜寂的時間內，正是觀眾心理情緒最緊張的刹那。

電影的美感，有一半來自影像的形式，另一半則是來自時間的連續流動和空間的不斷變換所造成的一種韻律感。

電影的內容決定電影的韻律，可以說鏡頭之間的時間連續，都取決於鏡頭的視覺與戲劇內容，什麼樣的鏡頭需要什麼樣的時間韻律，譬如，鏡頭中呈現單一影像時，則我們把握這影像所需的時間遠較複雜影像爲少；特寫鏡頭比遠景鏡頭需要較少的時間韻律；固定的畫面架構比活動的畫面架構較易把握，是因爲前者的時間韻律；遠較後者單純⋯當然，這些只是一些普通的原則，並非不可變通，其他大部分的變通仍有待個人的直覺來決定。所以，一部電影中決定韻律的要素非常多，也非常複雜，除了配樂、對白、色彩各有其本身的韻律之外，其他如影像的結構，燈光明暗的投射，人物的運動，戲劇動作的張力，甚至由移動攝影機來變換鏡頭等，在在都是一種韻律的作用，處理得當與否，都影響著整部電影的效果。

史蒂芬遜與戴布里克斯說得好：「電影的韻律和節奏須視題材和觀眾而定。教學或報導性質的紀錄影片，其節奏、韻律必須客觀合理，提綱挈領，把要表達的知識或消息，有條不紊明白地述說出來。至若劇情影片，韻律的處理則必須把握觀眾情感的發展及劇情的需要。總之，不管是紀錄電影或是劇情電影，如何控制韻律節奏等問題，皆需適度而講求效果，視題材及觀眾的接受程度而定。」

韻律與剪輯有密切的關係。電影理論家普多夫金有詳細的闡述，在他的大作《電影技巧與電影表演》書中，他說：「電影腳本的韻律處理，不僅限制於個別事件的處理，而且也不只限於尋找組成這些事件的影像形式，我們必須記得，一部電影分有許多鏡頭，鏡頭組成含有事件發生的景，景組成場，場再組成捲，最後捲再組成一部電影。所以這中間必然存在有銜接的部份，只要有了銜接，則不管是個別的鏡頭或是戲劇動作的個別部份，便產生了由銜接而來的起承轉合的作用——韻律即應運而生，所以影片中每一處的韻律要素，皆必須予以考慮。」

瑞典導演柏格曼最注重電影的韻律，他說：「電影主要的是韻律」。他認爲電影中鏡頭與鏡頭的銜接，以及由此造成的韻律感，也可以說是一部電影的真正生命之所寄。所以他說：「電影和音樂一樣，講究韻律的運作，影像在連續不斷的活動過程中，所產生的一呼一吸，這就是電影的韻律。」

談到電影的韻律，在這方面研究最有心得的，莫過於法國電影理論家慕西芮克（Leon Moussinac），他著有《影像的韻律》（*Le Ryehme Cinematographique*），可作爲探討電影韻律的參考。巴錫·萊特曾在1954年《視與聲》春季號中，評論《聖袍千秋》（The Robe）時說：「大凡電影之成功，其差別在於畫面的動感上。」。在畫面的動感中，自然形成一種韻律，而動感可由追逐（chase）的情節中塑造。

早期電影中，追逐是電影結構的標準形式。所謂追逐，是使觀眾全神貫注，緊追不捨，到影片結束時自然產生一氣呵成的感覺。追逐的情節，尤其是追逐中的追逐（如甲追乙，乙追丙等），完全是在動中進行，且能發揮動的極限。因此，追逐最適合電影的特性。

電影史上第一部受人重視的劇情片是《火車大劫案》（*The Great Train Robbery*），該片導演艾文·鮑特（Edwin S. Porter）不僅發展出來電影剪輯術，而且首次在劇情影片中使用追逐技巧。由於追逐可以產生速度，而速度可以強化映像的功能，製造大量的戲劇效果，凡是到了間不容髮的生死關頭，自然會有一種懾人心魄的震撼力量。因此，鮑特此一貢獻，對日後電影的發展，影響至爲深遠。

繼鮑特以後，格里菲斯在《賴婚》（*Way Down East*）中，把追逐作更突出的表現，一場少年勇救河水中冰塊上昏迷少女的追逐行動，爲格里菲斯贏得莫大的聲譽。追逐是構成電影的基本要素之一，它本身所具有的動感特性，可以使活動電影更爲「活動」。劇情片需要它，紀實影片同樣需要它。狄西嘉（Vittorio De Sica）的名片《單車失竊記》（*Bicycle Thief*），追逐也佔有一席地位。全片中主要情節就是馬吉奧蘭尼和他的孩子，在羅馬街上追尋失竊的單車。

以動作取勝的影片，更離不開追逐。早期的美國西部片，絕大多數都是靠著追逐的場面吸引觀眾，由追逐造成刺激性，用以滿足觀眾的娛樂需求。

李察·布魯克（Richard Brooks）的《四虎將》（*The Professionals*）片中，依然以追逐作全片情節的骨幹。四個亡命之徒被一個有錢的惡霸僱用，去追逐他那年輕貌美與人「私奔」的妻子。《霹靂神探》（*The French Connection*）片中，警車在紐約市駕車追逐毒販乘火車逃跑的戲，全靠使用追逐技巧才能製造出那種驚心動魄的氣氛。第七號情報員《金剛鑽》（Diamond Are Forever）的最大高潮是惡徒駕車追史恩·康納萊的部份，十數輛汽車的高速行駛，在拉斯維加斯橫衝直撞，其驚險效果是有目共睹的。

追逐在喜劇中，同樣具有卓越功效。早期攝製的基士頓（Keystone）雙捲喜劇電影，全靠追逐產生的笑料。史丹利·克拉馬（Stanley Kramer）的《瘋狂世界》（It's A Mad, Mad, Mad, Mad, Mad World）將追逐複雜化，大批財迷心竅的人爲了發財，爲了掘寶，使用各種現代交通工具，爭先恐後，奔向藏寶目的地。追逐當中，顯露出人性，同時也獲致喜劇效果。

在神秘驚悚謀殺故事中，追逐結合懸疑，更能增加緊張刺激的效果。希區考克的《北西北》卡萊葛倫從頭至尾被人追蹤，想加以謀害。在田野中遇上飛機低飛攻擊，追逐產生懸疑，懸疑強化追逐，那種提心吊膽的情景，最容易掌握觀眾的情緒。

十一、劇本的節奏

節奏（Rhythm）是一個爲戲劇工作者所常用的名詞。

關於節奏的各種定義和討論有著不少共同之處。首先（第一），觀賞者是頭等重要的，節奏在觀賞者感知或感受到時才存在。第二，藝術家爲觀賞者製造一連串期待和（在通常情況下）這些期待的實現。第三，節奏涉及某種對立物之間的交替，這種交替一般產生緊張和鬆弛的模式。第四，內容與節奏難以分離：產生風暴和寧靜，緊張和鬆弛的東西很重要。第五，變化具有某種次序或模式（也許並不可衡量）。第六，一部作品有一個總體的節奏，一個總體被模仿的姿態或行動。亞里斯多德把主要的節奏描述爲頭、中、尾。朗格對姿態的描述是開始、目的和完成。波列斯拉夫斯基則認爲存在著一種遞進和藝術家的最終目標。

節奏不僅僅只由緊張和鬆弛構成，同時也由相互依存的（interdependent）緊張和鬆弛構成。緊張和鬆弛不僅互相連繫，而且它們是以一種似乎是荒謬的方式互相連繫。

節奏是描述一齣戲在我們身上所產生的效果的力量，即我們如何受到感染的過程—感受到愛情、憐憫、憤怒、平靜和順從；我們如何明白；我們如何大笑和哭喊。

節奏包括結構、節拍和重音、緊張和鬆弛、內容和含量、新的緊張的醞釀，有次序的可衡量的變化，以及數學這些因素的功能。它們構成了這個有效的戲劇節奏的定義。

一齣動態的戲的模式或數學具有這樣的功能，即它能在觀眾中產生身體的、感情的和理智的反響所完成的遞進，觀眾通過這種遞進而獲得意義。那種模式通過某個（些）要素的重複和變化是可以辨認的。

我相信，對於批評家和導演最有用處的一個見解是：劇本的大容量——數學的基礎部分——在任何情況下都是從第一場戲、至多從頭幾場戲就可以分辨出來。劇作家從很早開始就向我們提供了棋盤、棋規和棋子。我們不妨把那塊帶有決定命運附件的棋盤稱作"劇本的世界"。劇作家一旦創造了那個世界，它必然是個有限的是世界。以壟斷爲自己的棋盤將允許你贏得或是失去真正的地盤。但它不會允許你跑到該等級的前頭。劇本的有限世界已經包含了某些期待。朗格認爲，節奏一經確定，它就貫串於劇本的其餘部分：

> 節奏是劇本的"支配形式"；它產生於詩人的最初的"寓言"概念，並貫串作品的主要部分、演員的輕鬆或沉重的風格、最崇高感情和最凶暴行為的強度、人物數量的多少以及人物發展的不同程度。整個行動是一種累積的形式；而且因為它是由對其要素的有節奏的處理所構成，所以彷彿是從其始時滋生出來的。這就是劇作家對於"有機形式"的創造。

劇作家是劇本的這種支配形式的創造者。優秀的劇作家啓動齒輪運轉，然後盡可能誠摯地同觀眾作遊戲。皮藍德婁在他的《〈六個尋找劇作家的人〉序》中向我們表現了劇作家創作時的絕妙形象。他說它無法誠摯地去寫這六個劇中人的戲，儘管他們向他顯示自己，乞求生命。不過，他由於對這些人物著了魔，擺脫不了他們，他得出結論，認爲這些劇中人既真實又不真實，既可以接受又不可以接受——他們確實是遭到拒絕的舞台人物—他也就發現了這個劇本的世界：舞台、演員和劇中人。當他發現了碰撞、利益、誘惑以及藝術與生活之間必不可少的碰撞時，那他就找到了戲劇的對立和節奏。從某種意義上說，劇本只需要按照重要的最初概念來寫就行了。皮藍德婁解釋說，創造劇本時的自覺嘗試絕不可能像一時的靈感那樣成功，這種靈感啓動舞台（棋盤或運轉的齒輪）。”其實，劇本就是在這些想像的能量啓發之中構思而成的，這時所有大腦的要素都奇蹟般地默契配合，並在非同尋常的協調中發揮效用。

作爲創造者或富有創造力的藝術家，劇作家用文字向我們提供最終將出現在觀眾面前的內容。而其他的藝術家則負起把紙上的文字變成對話，呈現給觀眾的作用。他們當中有佈景設計、燈光設計、服裝設計、導演和演員。他們都必須對節奏（劇作家的節奏）具有敏感，必須在他們各自的藝術領域裡運用節奏。

當然，每個人都可以通過增加劇作家事先沒有想到的各種變化來改變劇作家的節奏。然而，正是透過盡量體會劇作家的模式，一個演出團體才認識到性格地描述爲有機形式的那種整體性。

我認爲，我們通過把記憶集中在劇作家所寫的內容上才會對朗格把戲劇的定義說成是詩的涵義更加清楚。"我們一旦認識到戲劇既不是舞蹈，也不是文學和各種共同發揮作用的藝術的綜合體，而是以行動表現的詩，那麼，戲劇所有要素相互之間的關係，及其同整體作品的關係，也就清楚了。

十二、劇本的氣氛

所謂「氣氛」（Atmosphere, Environment），究竟是什麼？似乎一時很難下一個確切的定義。當然，如果從心理學、物理學上去找解決，也許比較方便，但是在電影中，這兩種可能未必適用。因爲電影是藝術，是一種活動的、渾然的、集體的東西，絕不能用機械的方式來探討。如果從「美學」的觀點來探討，也許比較可以獲得滿意的結論。

有人以爲氣氛是超乎人力之上的玄秘的東西，他們認爲故事越是玄妙神秘，越是有氣氛。更有人單欣賞電影某一部份技術的表現——如音響效果、光影變化、彩色變化等等的運用，便以爲這是氣氛的最高表現。其實，玄妙神秘只是製造氣氛的一種手段，而電影技術只是做爲某一種氣氛的成因而已。這種成因也只是最細微，並非氣氛本體，僅可算做氣氛的可見的外形罷了！好像在《魂斷藍橋》（Waterloo Bridge）中，燭光舞會的光影和音樂，那僅是氣氛的外形。

這樣來說，我們似乎在把氣氛還原到「形而上」的領域中去，這也是不妥當的，正如不能把氣氛生吞活剝地切斷了來理解和運用一樣。編劇者如果在電影技術的統一性、一貫性（時間和空間的）上去認識它、發掘它、把握它，才能逐漸地達到氣氛運用的極致。

普多夫金在他的大作《電影技巧與電影表演》，談到氣氛，他說：「任何腳本的所有動作都投注在某種氣氛中，提供一部電影色彩的，就是這個氣氛。這個所謂的氣氛，可能是生命一種特殊模式，我們如果更進一步探索，甚至可以把氣氛看成是某種個別的特殊性，是一種生命模式的特別要素，而這個所謂的氣氛，或說是色彩，必然無法以某個解說的場景或字幕來加以說明，它一定是從頭至尾散佈在整部電影之中，或是電影中某個最恰當的地方。」

也有人誤認氣氛就是情調（mood），其實兩者並不相同，不過，情調往往是由氣氛所造成。氣氛當然離不開腳本、人物、電影技術而存在，相反地，它要和它們結爲一體。而在這一體中，氣氛是最後的，用最有力的姿態，出現在銀幕上，使觀眾領略到它的存在。在這一過程中，它將吸取電影藝術的一切精華，正如糖中有糖精，酒中有酒精一樣。它以單一的、純粹的、雄渾的形姿，代替了一切，這是電影藝術的極致，也是映演所得的最佳效果。

我們可以說：氣氛是最能代表、也最能表現電影的主題。反過來說：電影主題的最高表現，就在於氣氛的造成。氣氛造成的優劣，足以左右這部影片的成敗。這裡所說的主題，是整部電影應表現的旨意，並非單指編劇者所提出的。因爲有時電影在銀幕上表現的主題，並非完全是編劇者的旨意。

電影中的氣氛，比小說或舞台劇的氣氛，更加形象化、真實感，而且完整統一。例如，《戰地鐘聲》(For Whom the Bell Tolls)中厭惡戰爭的情緒，《魂藍斷橋》中棲滄和聖潔的愛情等，使觀眾感染到這種氣氛，而產生情緒上的變化。

所以，氣氛本是表演藝術的各部門的總和，分割開來是異常困難，而且不十分合理的。但爲了研究方便，我們可以把它分做三部份來談，即是：(一)演員藝術的氣氛；(二)電影技術的氣氛；(三)統一的：包括時間和空間的氣氛。其中第三部份的氣氛，實際上就是電影氣氛的本身，也是從第一、二部分化合而成。

我們先來談談演員的氣氛，這是演員表演藝術最高表現的成果。著名演員往往是主角，而主角往往在許多烘托及陪襯下出現在銀幕上和觀眾相見，這是造成氣氛的重要原因之一。可是，真正有才能的演員不在乎此，即使在電影中戲的份量很少，出現的畫面又不多，擔任的角色並不重要，他也能建立他的演技，這才是演員獨自的氣氛。一個演員表演藝術到達爐火純青的時候，一眨眼、一舉手、一投足，都會自然的產生一種氣氛，使觀眾欣賞稱絕。這就是演員的氣氛。

這種氣氛當然又離不開人物的性格、思想、氣質，而這些又都是必須通過最基礎的熟練的演技：表情、動作、對白，以及其他等等內心外表統一的「全人格表演」所決定。因此，沒有上述的基本功夫，無從發揮演技的氣氛。

演員獨自的氣氛，是電影整個氣氛中最重要的一部份。當然，這種氣氛的造成，必須在電影的整體中，統一的發展，配合著進行，絕非是任意的、單獨的行動。自然，那樣一來，也不能成爲氣氛，而有破壞作用。

演員的化妝和服裝，是直接幫助演員演技的東西，所以它們所造成的氣氛，是和演員氣氛緊合爲一體的。我們時常看到一個滿臉皺紋的老人的特寫，他臉部皺紋的線條，那麼自然、美化，不知不覺的創造了那個老人臉部表情的氣氛。這個例子，使我們感悟到，刻意的化妝和修飾，不如自然來的更美妙、更有氣氛。

再說到電影技術所造成的氣氛，也有很多種，有的運用音樂效果、非音樂效果（如雪花、風、雨等）、布景、道具、燈光等，但這些部分不能獨立存在而創造氣氛，必須配合情節的進展，才能顯出它的效果。例如表現一個孤獨困乏的老人，走漫長的路途回家，在途中用風雪來襯托，那麼更顯得老人的孤獨與困乏，製造了應有的氣氛。在陰森恐怖的懸疑電影片中，戲時常搬到陰森的古堡進行，高大寒冷的石塊疊成的古堡建築、陳舊的傢俱、發出怪聲的怪鐘、明滅如鬼火般的燈光，使觀眾在恐怖的劇情還未展開以前，就感受到被陰森恐怖的氣氛所襲擊。再如在配樂上用功夫，輕快的情節配以輕快的音樂，激昂的情節用激昂的歌曲，這些不用說，一般觀眾都明白，是在製造氣氛。

其實，佈景本身便是具體的、最初的氣氛。不過因爲它缺少活動性，所以不被人注意。但在氣氛的造成基調上，佈景（包括道具）佔有極重要的地位。因爲它的面積最大，而且展示在觀眾面前最久（雖然是陪襯），所以會給人深刻的印象。而且喚起觀眾對劇情的認識和想像。這便無形之中造成了氣氛。

光與聲也是製造氣氛的重大因素。光包括著明暗和色彩，聲含有音樂的和非音樂的。它常常成了調和佈景和演員，造成氣氛的媒介物。

銀幕上每個畫面空間的氣氛，演員是佔有它的一部份，而再以時間來連貫統一，鏡頭、場、段落，連成一線，使整部影片充滿著這種預定的氣氛，由銀幕上一直迴蕩到觀眾席，挑起觀眾各種不同的情緒反應。

照以上來說，氣氛不一定是象徵的、神秘的、虛無飄渺的，它是含著一切可以表示主題情緒的表象。所以，它是捉摸不到的東西，它和韻律協和著，成爲電影藝術的精華，電影生命的寄託。

電影中的戲劇動作在進展之時，劇中角色都能夠和他們四周圍環境的氣氛交融在一起，把整個電影氣氛發揮到淋漓盡致的地步。在喬治．盧卡斯（George Lucas）的電影中，環境是最重要的一個因素。有了環境和佈景，電影的調子和意義才呈現出來。

人與戲與環境之關係至爲密切，是無法相互分離的。環境不僅爲角色提供必須的活動場地，它還可以在動靜之際，配合演戲，幫助人物顯現性格，並醞釀出懸疑、對比等強烈的戲劇效果來，——如狂風暴雨等環境，本身便是驚心動魄，可營造出銀幕上最強烈的視覺刺激，在此狂亂驚險中，現實人們隱藏在面具下的真性格，自然流露無疑，這些人性，正是觀眾要欣賞的真情。

環境更可與投身其間的人物，形成一連串的對比好戲。如環境險惡，主角萬夫莫敵、勇毅堅強；環境順暢，主角卻自甘墮落、懦弱無能；環境普通，主角卻威猛機智……種種相異的情況，會影響戲表現出不同的趣味！

驚悚片（thriller）中，環境的效用更強，如一間黑暗的地窖內，佈置起一片蜘蛛網，並吹起陣陣陰冷寒風，再安排幾隻蝙蝠飛旋。其間，此時如果出現一個吸血妖魔，觀眾便很容易被嚇得跳起來。

驚悚片裡，每個黑暗的角落，冷巷轉彎處，全是提供緊張好戲的理想所在。而在希區攷克的《北西北》（*North by Northwest*）片中，更有突發性的發展。一片荒野內，四無屏障，歹徒架一架飛機，臨空襲擊男主角，此時此景緊張之情，令觀眾心驚膽破，因爲這場危難，似乎無法躲避。

環境的藝術化，可以製造出柔蜜的美麗氣氛。如《捉賊記》（*To Catch a Thief*）中的滿天煙火，喜趣地顯現出男女主角情愛之光和熱。《亂世忠魂》（*From Here To Eternity*）中的男女主角海灘上擁吻的戲，海浪陣陣洶湧地衝上海灘，然後退出，留下一片泡沫。全是運用環境，陪襯製造愛情氣氛的佳例。

如何運用環境，使人與戲與環境一體，充分發揮它的妙用以助長劇力：製造出整體的效果來，則需要編劇者的安排了。下面舉一些實例，供讀者參考，相信可以激發創作靈感。

《金手指》(*Goldfinger*)中，主角詹姆士龐德在片頭中，與歹徒打入浴缸，並順手抓起一具電熱器，擲進浴缸水中，水傳過去熱與電，將歹徒燒死。片尾中，詹姆士龐德與東方大力士纏鬥，大力士威猛無比，摔得他頭昏眼花，大力士的飛鐵帽，功夫尤其厲害，詹姆士龐德好不容易奪鐵帽在手，他用力飛向大力士，卻不巧飛到鐵欄柱之間夾住，大力士獰笑向前，伸手要拿下鐵帽子。詹姆士龐德急中生智，抓起高壓電纜線，放在鐵欄柱上，鐵欄傳過去高壓電，經過鐵帽子，電死了大力士。

兩場戲，全利用傳電之法，燒死歹徒，前後呼應。而且，環境發生的難題，最後，還是由環境中的東西來解決，人、戲、環境打成一片。假使龐德不借助電熱，卻拔出一支手槍，將強敵擊斃，那就顯不出他的遊鬥功夫和智勇雙全，當然觀眾也就看不過癮了。

《阿拉伯的勞倫斯》(*Lawrence of Arabia*)一片中，強悍的遊牧民族，加上熱如火爐、無水無邊、變幻莫測的大沙漠，襯托出勞倫斯的不平凡，環境創造了英雄。這是一部以沙漠爲背景的英雄故事。沙漠在片中佔著重要的角色，它不僅在動靜之間，顯現其飛砂走石的大風暴場面嚇人，落日的奇幻景像迷人，並主動地參與演戲，發揮大環境的影響力。

如一場橫越沙漠中的熔爐「內夫達沙漠」的戲，那是一塊阿拉伯人也懼怕的死亡之地，勞倫斯卻帶領了一批人征服了它。戲到此，才剛剛開始，在橫渡沙漠中，畫面一再表現太陽的熊熊之光和熱。它實在熱，熱得使人難受，果然，他們千辛萬苦的出了鎔爐，一個戰士在狂亂中，又一頭衝回死地……

大家勸勞倫斯算了，說這一切全是命運註定的。勞倫斯卻認爲沒有一件事是註定的，堅持要重返熔爐，救回部下，他只帶了一個隨從，進入熔爐，將垂死的部下帶出來。勞倫斯這種勇毅，不但深獲部屬之心，更贏得全體阿拉伯人的心。大家熱烈歡呼，敬贈他最高榮譽的尊號和教袍。

沙漠特點顯現，人性精神光耀四射，互相陪襯，戲乃爆發出火花、光輝。此類顯示環境特性，又幫助劇情推展的情形，在很多佳片中，一再出現，如：

《非洲皇后》（*Africa Queen*）片內，男、女主角架一葉小舟，航行非洲大河上，一心一意要去偷襲德國軍艦，他們沿途經過成串的危難：急流、要塞的炮火、蚊群等非洲的風光，活生生地再現於銀幕上。兩個人不顧一切，勇往直前，終於幹了一件不可思議的大事，而他們也由陌生、相戀到成婚。

提供最驚人戰鬥場面的環境戲，還有《大白鯊》（*Jaws*）影片內，人與巨鯊，在大海上戰鬥。

陸上的動物人類，深入大海，向海上惡魔巨鯊挑戰，豪氣壯山河。編導用心安排，在前半部影片中，製造出一個巨無霸的公害，而使得這次海上的戰鬥，顯得更凶惡和意義非凡。觀眾都在期待一場刺激的人鯊大戰，而編導也真的讓觀眾欣賞個夠。

戰鬥過程，精采絕倫，先是三人在船上大戰鯊魚，接著惡鯊兇性大發，撞沉小船，吞下一人，嚇走一人，最後，一人一鯊展開近身肉搏……高潮迭起，緊張的使人喘不過氣來。

每場環境要設法表現出各種東西，人、戲、環境，才會留給觀眾最深刻的印象。例如：《亂世佳人》（*Gone With the Wind*）片中，一開始十二橡樹第二男主角家的酒宴，場面豪華，是片中的第一高潮，在這段戲中，第一女主角（費雯麗飾）施展魅力，迷住全場青年，卻在書房內向第二男主角求愛被拒，她一怒摔東西，又驚醒睡在沙發後的第一男主角（克拉克蓋博），她惱羞成怒，大罵他偷聽私語，不是君子。一對情侶就在這不凡的環境中相識了。

還有南北戰爭的辯論，南方子弟對戰事的虛妄觀點…費雯麗的閃電允婚…青年們宣戰後的狂歡…

豪華場面，將南方當年的風光，文物重現銀幕。所有四個主角見面了，他（她）們的性格，也作了初步的描繪，並點出內戰的爆發火花。於是，才有以後的場場好戲發展。這部巨構內，討論了生、愛、婚、死等種種人生大問題：兩段傳奇愛情故事，交纏變化，人性畢露，最後，時代的戰火使這種可愛的「文化」消失了。誠如片名 Gone With the Wind （隨風飄逝）一般，而這一切全從這裡開始。

《亂世佳人》所以令人懷念，不僅在那兩段愛情，主要還是大家對那個失去文化的追憶和感傷。

因一場環境內容表現豐富，令人懷念的片子很多，如：《虎豹小霸王》（*Butch Cassidy And THE Sundance Kid*）片內，清晨，保羅紐曼騎單車，載女主角戲耍的一段，那麼令人神往。清風除吹，安祥的早晨，陽光暖暖照拂下，男主角騎著車出現，他先單獨表演一番，逗的佳人心花朵朵開，然後兩人共騎一車，漫遊原野，充滿柔情、詩意。此時大盜成爲多情男子，人性善的一面，充分地流露—他清柔的表示愛意；她淡淡地露出憂傷。

這場戲結束時，兩人回到小屋，勞勃瑞福從屋內出來，紐曼向他討這個女人，勞勃竟說：「你帶她走好了。」又將兩個生死哥兒們的友情，作了最深刻的描繪。

而腳踏車也正暗示著時代的進步，用心微妙。

這三個人終於跑到玻利維亞，幹出一連串「大事」。最後她受不了，先回美國，兩個哥兒們繼續混下去，一直到死於亂槍之下——直是雖不同年同月生，但卻同年同月同日死的一對難兄難弟。

環境依舊，人事全非的變化，也能帶來好戲連連，如：《齊瓦哥醫生》（*Doctor Zhivago*）一片中，男主角的命運，隨共產黨的暴虐而每況愈下，家產被侵占殆盡，身價日衰。景物依舊，人事已全非，可是他與女主角間的亂世愛情，在變亂中愈愛愈濃，對比之下，十分感人。

這種環境變化，對比之下，使戲味愈濃的戲很多，如：《戰地春夢》（*A Farewell to Arms*）片內，男、女主角（一是軍人，一是護士）在外面戰火一天天激烈下，他們在醫院內，愛情愈濃愈深。

《仙履奇緣》（*Cinderella*）內，可愛的灰姑娘，在仙女的安排下，乘了馬車，穿上美麗衣裳和玻璃鞋子，去參加王子的相親舞宴。但是仙女規定，必須在午夜回家，否則，一切馬車、衣裳都會消失（變回原狀）。使灰姑娘在與王子歡舞中，心懷不安。舞興正濃，時限已到，她趕緊跑，王子緊追不捨，她慌忙中脫落一隻玻璃鞋。在返家的途中，馬車飛奔，希望能趕上時限。可是還是慢了一步。最後，一樣樣東西恢復原狀。觀眾看著美麗的一切，恢復原狀，都有一種說不出的感慨。

同樣的環境，前後卻發生不同的戲，也會留給人們深刻的追思。

《郎心如鐵》（*A Place in the Sun*）片內的湖，男、女主角在那裡泛舟、結識、相戀。最後，他在湖裡舟上，狠毒地推她下湖，害死她，好與富家女結合，一步登天。終於惹出滔天大禍，遺憾一生。

《北非諜影》（*Casablanca*）內的酒店，在那裡第一男主角店主，第二男主角反德地下工作者，同女主角重逢，爆發出最激烈的三角戀情。男主角與女主角由衝突、彼此不識，到爲愛互相犧牲，好戲連場。

而周圍到處是德國秘密警察，和立場不明的親德警官。形勢的險惡，愈加襯托出他們愛情的堅貞。

《公寓春光》（*The Apartment*）片內的男主角住的公寓，真是妙用無窮，他將公寓借給上司幽會，而被眾人譽爲最合作的人，竟因此升級發財。但有一天，他發現暗戀多時的女主角，也被老闆帶來公寓幽會，他再也不能忍受了。接著，女郎因受騙，在他公寓內服安眠藥自殺，使他有機一間小公寓，有歡笑、有血淚，人、戲、環境的安排，匠心別具，功力、氣氛烘托皆足以驚人。

環境顯示的險惡形勢，很能製造高潮，如：《大逃亡》（*Von Ryan's Express*）片中，男、女主角坐火車逃亡，德軍車輛和飛機緊追於後，氣氛緊張，火車開入群山，又鑽進隧道，環境的凶險，大大增加了戲的恐怖、懸疑，但也提供了解決之道，並幫助劇情推向高潮。

《太陽浴血記》（*Duel in the Sun*）中，最後一場男、女主角決鬥的戲，日落慘紅滿霞，亂石山間，男女展開槍戰，兩人前後中槍。最後，女主角在愛恨交織中，挺著重傷垂死之軀，爬入山坡，倒入男主角懷中，在擁吻中互相死在對方懷裡。

環境、人、戲，三者關係密切，如人之神經、血肉、骨骼，不可一時分離。但善用環境，並非意味著一定要製造豪華場面。從以上所舉的範例中，當可看出環境不在大小，匠心的妙用才是編劇者藝術修養的真正充分發揮。

※參考書目

1.《劇藝概論》 歐陽雲
2.《電影美學百年回眸》 孟　濤
3.《電影編劇》 張覺明
4.《電視審美學》
5.《電影編劇新論》 易智言
6.《戲劇節奏》 美・凱瑟琳・喬治
7.《電視劇美學》 路海波
8.《導演術基礎》 張駿祥
9.《影視編劇技巧》 美・尤金・歐尼爾
10.《藝術概論》 虞君質
11.《中國電影七十年》 杜雲之
12.《實用電影編劇技巧》 曾西霸
13.《編劇藝術》 羅曉風

細說電影編劇　下輯

中國戲劇創作的路向

——姚克教授的演講及其作品簡介

一、一次精闢的專題演講

在美國太平洋大學任教「中國文學」的姚克教授，於六十三年十二月廿九日，率領一批美國學生，來到臺灣，作爲期一個月的參觀和實習。姚教授是一著名的編劇家，尤其是編寫歷史劇，可以說是權威。去國多年，此次返臺，甚爲難得，中華民國編劇學會把握此一機會，邀請他在國內，與此間的編劇朋友見面，並作一次專題性的演講，姚教授欣然同意，於是，在六十四年元月廿四日的中午，在信義路中心餐廳的二樓，有著一次甚爲融洽的餐敘。

這一日，正好是姚克教授七十歲的生日，編劇學會特訂製一個生日蛋糕，爲姚教授祝壽。國內知名的編劇家：李曼瑰、吳若、趙之誠、賈亦棣、朱白水、鍾雷、王方曙、雷亨利、丁衣、金馬、張瑄、魯稚子、蔣子安、李曉丹、趙玉崗、姜龍昭……都到了，濟濟一堂，可稱得上是一次盛會。

姚教授是日穿長袍出席，精神健旺，談起話來，不疾不徐，不愧學者本色。這一天，他演講的題目，是：「中國戲劇創作的路向」，歷時約四十分鐘。茲擷要補記如下。

在未談到本題以前，姚教授先將西洋戲劇與中國戲劇的演變，作了一番比較。

姚教授說：「中國早期的話劇，與中國的傳統的平劇，並無淵源，它是依照西洋的戲劇演變而產生。

西洋的戲劇，歷史悠久，近百年來，有著很大的變化。

從莎士比亞（William Shakespeare）到易卜生（Henrik Ibsen），到蕭伯納（Bernard Shaw），到奧尼爾（Eugene O'Neill），其間寫作的題材、內容、表現的方式，都有很顯著的不同。二次世界大戰以後，出現了所謂「荒謬劇場」，其中，如塞繆爾・貝克特（Samnel Beckett）所編寫：「等待果陀」（Waiting for Godot 1947），更是一種打破傳統的戲劇作品，引起從事編劇工作朋友的密切注意。

「等待果陀」這一齣戲，早幾年，香港曾經演出過。（註：臺北十年前也曾演出過）但觀衆不多，一般的反應，是不能接受，因戲中無驚人的情節。

「中國的戲劇，是否也要跟著西洋戲劇，往這條路走去，這是一個值得研究的課題。

「我認爲，研究戲劇創作的人，在寫作以前，必須，先對「觀衆」有所瞭解，瞭解觀衆的「需要」，……依據「需要」去寫的東西，才能獲得觀衆的讚賞。但也不能以低級趣味去迎合觀衆。

「觀衆的『需要』，也可以說是『興趣』；是根據他們的生活習慣、文化背景、知識水準來決定的。

「西洋戲劇的作品，並不一定適合中國戲劇觀衆的胃口；中國的觀衆，喜歡看京戲、地方戲，北方人愛看蹦蹦戲，浙江人喜歡看紹興戲，廣東人喜歡看粵劇，就是這個道理。

「京戲和地方戲的情節、故事，多半取材於大家熟悉的歷史故事，或是民間傳說。劇中人物的性格、情節的演變，觀衆都非常熟悉，如諸葛亮、張飛，其服裝、化粧，都是固定的。一出場，觀衆就很明白，無須編劇用對白來介紹或刻劃，觀衆看戲的趣味，是在欣賞演員的表演，如他唱得好不好聽，演得像不像，或是武打得精不精彩。所謂人物刻劃，情節曲折，懸疑結構，……這些都不重要。其表演形式是抽象的，而非寫實的，這些觀衆也都能領悟與接受。

「民國廿多年，抗戰未發生前，上海、蘇州有了話劇，他們演出的劇本，是創作新編的，故事內容情節觀衆不熟悉，結局如何也不知道，表演形式也是寫實的。在當時來說，一般知識水準較高的觀衆，可以接受這種新的戲劇。但一旦遇上梅蘭芳登臺，……觀衆就全被吸引了過去，根本就無法與之抗衡。像著名的話劇演員石揮，他也沒有把握去跟梅蘭芳打對臺。

「經過了一段時日的艱苦奮鬥，話劇逐漸獲得知識份子觀衆的支持，此其間有人根據西洋戲劇，編寫了一個叫『機器人』的劇本，結果，演出完全失敗，原因是取材太洋化了，中國的觀衆不吃。張道藩先生根據法國大文豪嚣俄（Victor Hugo）十九世紀的作品：『項日樂』（Angelo）予以改編成完全中國化的『狄四娘』，則獲得了成功。

「當時的西洋戲劇，還停留在「佳構劇」時代，尚未發展到『荒謬劇場』。所謂佳構劇，是注重情節，講究結構，要求劇情發展有曲折、懸疑、伏筆、高潮……等因素，使觀衆被情節所吸引，爲明結果如何，迫使著非看下去不可。目前，電視上的『保鏕』，可說就是這一類的戲劇，當然，這和『荒謬劇場』，貝克特、伊歐涅斯柯（Eugene Ionesco）等人的作品，還有一大段距離。

「民國卅年春，那時我在上海聖約翰大學和復旦大學教戲劇，應友人之請，編寫了一齣舞臺劇：『清宮怨』，這一齣戲，是我的一種新的嘗試。」……說到這裏，姚教授才導入了正題。

「清宮怨」這一部戲的情節，是大家熟悉的清宮故事，但我在編寫時，則引用西洋戲劇的編寫方式，予以處理。它既不模仿佳構劇，過份強調結構，處處予以戲劇化，但也不走現代荒謬劇的路線，漠視情節，強調主題意識。可以說是用西洋劇的技巧，來寫大家熟悉的中國故事。

「這一新的嘗試，因爲顧及了觀衆的興趣，與他們欣賞戲劇的傳統習慣相吻合，所以，演出以後，頗爲轟動，當時在上海璇宮劇場，一連上演數月之久，眞是盛況空前，對日後的話劇影響也不小。

「這以後，我又接著編寫了『楚霸王』一劇，也是觀衆極爲熟悉的歷史故事。爲改變話劇寫實的演出方式，我嘗試要求飾演楚霸王的演員，如平劇一樣，畫臉譜上場，但未能被演員所接受。其實西洋戲劇，也有戴面具上場的，如奧尼爾的劇本，就有劇中人戴面具出場的，但中國的演員，總覺得戴面具不夠寫實，不敢面對觀衆，使我這種想法無法兌現。」

說到話劇的寫實演出方式，有時也易引起反效果。如有一次，臺上的演員在演出「日出」中陳白露吞服安眠藥粉要自殺，臺下的觀衆竊竊私議的說，這演員吃的一定是白糖，並非眞的安眠藥粉，眞使人有啼笑皆非之感。中國傳統的戲劇，如平劇，其中騎馬、開門、坐船、多採用抽象的動作，觀衆習慣了，也能夠接受。如皇帝在殿上宣召某某來見，某某馬上就可上殿，而寫實的話劇，則不能如此來演出，如老爺命僕人去買煙捲，僕人下臺後，老爺在臺上，必須間隔一段時間，演些別的戲，才能使僕人上街買了煙捲上臺。這一段時間過程，處理不當，就易使戲拖鬆了下來。如今，電影上對這樣的戲，利用剪接或是切出切入，化出化入等手法，以使之緊湊。平劇的處理，則非常方便，如走不少路程，只需演員在臺上轉一兩個圈子，口唸「行行走走……到了」來表示，實在高明而又省事，可見中國的傳統戲劇，也有其不容抹煞的優點，是我們所不可忽視的。

「繼『楚霸王』以後，我又編寫了不少歷史劇，如「秦始皇」、「西施」……這些都受到觀衆的歡迎。前幾年，香港演出「西施」一劇時，曾有不少不懂國語的廣東人，也去買票進場欣賞，就是最好的證明。這一兩年，在臺灣，電視上播演「一代暴君」「包青天」的歷史連續劇，也受到好評，則更可以使我相信，把大家熟悉的歷史故事，變成戲劇，是一條以走得通的寫作路線，大家不妨一試。」

姚教授簡短的演講，在一片掌聲中宣告結束。

二、輝煌的精心傑作

姚克教授，本名姚莘農。安徽歙縣人。光緒卅年（一九〇四年）農曆十二月十九日出生，我國的大文豪蘇東坡，也是農曆十二月十九日出生。陽曆則是民前六年元月廿四日。

姚教授的父親，是滿清的翰林，幼年時即飽讀了不少中國的古書，因此奠定了深厚的國學根基。先入東吳大學讀法科，後改學中國文學，民國廿年大學畢業。以中英文造詣均佳，爲孫科先生聘爲英文雜誌「天下月刊」的編輯。

民國廿五年七月，爲中國早期極具規模的「明星電影公司」所羅致，聘爲編劇委員會的副主任。姚教授在大學讀書的時候，即對編劇有極大的興趣，曾編寫過三四個劇本，其中有一個叫做「賊」，他曾親自飾演劇中父親一角，登臺演出。

在明星公司任內，他編寫了第一個電影劇本：「清明時節」。這是一個描述在封建勢力壓迫下的一個弱女子，如何逃出舊生活的樊籠，接受新生活的薰陶，而變成一個覺醒的、勇敢的新女性的故事。劇中的女主角春蘭由黎明暉飾演，男主角王有才，由趙丹飾演，其他尚有白楊、龔秋霞、陸露明、英茵、章曼蘋、吳茵、劉莉影、王庭樹、田琛等參加演出，係由歐陽予倩導演，當時田琛還是以新人出場，但演得頗爲稱職。

廿六年，蘇俄慶祝第五屆戲劇節，姚先生奉派前往出席；不久抗戰爆發，會畢無法返國，姚先生先去了英國，在各地演講，後又轉往美國耶魯大學繼續深造，攻讀戲劇、廣播及記錄片之攝製。廿九年夏學成回國，在上海聖約翰大學與復旦大學任教席。

卅年春，趙志游組織了一個「天風劇社」，聘姚先生爲演出主任。此時，爲演出需要，姚先生編寫了他生平第一齣歷史劇：「清宮怨」，當時姚先生曾參考了不少書籍，如「大清會典」、「東華錄」、「光緒實錄」、「翁同龢日記」……等，都曾涉獵，可說是花了相當大的一番功夫，「清宮怨」演出時，在特刊中，他特別向觀衆表示：「寫歷史劇不是編歷史教科書，將史實搬上舞臺，不是把歷史原原本本地表演給觀衆看。因爲歷史學者所著重的是眞實性，戲劇家所著重的是戲劇性，二者之間是不可混爲一談的。」

由此可知姚教授處理歷史劇，其寫作態度雖重視歷史的資料，但並非爲史料所箝制，而限制了戲劇的創造。

「清宮怨」以後，在敵僞控制下的上海，他又編寫了「楚霸王」，但演出不久，即遭封禁。可見他寫的歷史劇，同樣具有強烈的愛國意識。雖如此，他又與友人組織「苦幹劇團」，繼續在租界上演出不少好戲；勝利後，他又寫了好幾個劇本，其中有一個是「蝴蝶夢」，敘述莊子劈棺的故事。

卅六年，姚先生同學又兼好友的李祖永先生，在香港成立了永華電影公司，邀請姚先生去港，將「清宮怨」改編成電影劇本「清宮秘史」，由朱石麟擔任導演，這是「永華電影公司」成立後，創業第二部片子，演員俱屬第一流的卡司脫：舒適演光緒皇帝，唐若青演慈禧太后，周璇演珍妃，洪波演太監李蓮英，均是一時之選。洪波亦因此片「小李子」一角，一炮而紅。「清」片在服裝、佈景、道具，各方面均刻意求工，精細考究，華美奪目，是國語片中難得一見的鉅片，公演後，轟動香港、上海、南京，看過該片的老影迷，一定印象深刻，記憶猶新。

卅七年，影壇巨子張善琨在香港成立長城影片公司，首片「蕩婦心」，也是姚先生擔任編劇，由岳楓導演，白光、韓非、龔秋霞、高占非等聯合主演，故事根據托爾斯泰原著「復活」改編，敘述一個農村少女，在都市不幸淪落爲妓女，最後犯了兇殺案的故事。白光演出該片，發揮了出神入化的演技，迄今猶使人津津樂道。

這以後姚教授一直住在香港，達廿一年之久，此其間，他又編寫了「西施」、「秦始皇」、「銀海滄桑」、「美人計」、「快樂國」、「陋巷」等舞臺劇。

其中「陋巷」一劇，六十二年此間曾改名爲「白粉街」，於國立藝術館公演過；這一年的戲劇節，話劇欣賞委員會曾頒發了一個「最佳編劇金鼎獎」給姚先生。

五十八年春，姚教授應美國夏威夷大學之聘，到夏大去教中國文學，六十一年又應美國加州太平洋大學之請，到加州執教，現在除了在太平洋大學授課外，並在加州州立舊金山大學兼課，主講「中國文學」。

民國六十年，姚教授開始翻譯西洋戲劇，影星瑪麗蓮夢露前任丈夫—美國戲劇界巨擘阿瑟·米勒（Arthur Miller）的成名作：「推銷員之死」（Death of a Salesman）曾由姚教授以完全中國口語化的對白譯成，由今日世界社出版。該劇曾使阿瑟·米勒榮獲普立茲戲劇獎，國內尚未見有公開演出過。

近聞姚教授的力作，如「清宮怨」、「西施」、「秦始皇」、「楚霸王」、「銀海滄桑」、「快樂國」、「白粉街」等，均已由國內的聯經出版社結集出版，這對喜歡研究姚教授作品的朋友來說，眞是一大喜訊。

以上所述姚先生的作品，是較著名的幾部，可能還有不少漏列的，希姚教授鑒諒。最後，我們希望姚先生能在不久的將來，給大家寫出更精彩的作品，爲中國的戲劇，作更大的貢獻。

（本文發表於六十四年十一月於「幼獅文藝」二六三期刊出）

笑話與喜劇

要寫喜劇，除了注意笑話的蒐集外，更要注意笑的實質，那就是在生活取材方面，要能推陳出新，走新的創作路線……

一

笑，是因爲人高興，臉上自然流露的一種愉快的表情，也是人類最基本的一種感覺反應。人遇到高興的事、有趣的事、幸運的事，如中了樂透彩頭獎，往往晚上做夢都在笑，甚至笑醒。

我研究笑的來源，大概可分爲以下幾種：(一)有人在說黃色笑話，(二)有人在表演一種滑稽的動作，(三)有人在說「相聲」，(四)有人在大庭廣衆前出洋相、出糗，(五)有人在吹牛說大話，被人揭穿了底牌，(六)看了好笑的喜劇。

中國古代最早的一本笑話書，書名《齊諧》，是寫一些燕、齊一帶流傳滑稽有趣的故事，可惜這書發行不廣，現已失傳。

三國時，魏潁川有一人名邯鄲淳，又名竺，字子叔，寫了一本《笑林》，共分三卷，是蒐集笑話較廣的一本著作，現亦已亡佚，只剩了遺文二、三十則流傳下來，散見於：《藝文類聚》、《太平廣記》等書中，調侃、戲謔，爲文學笑話寫作開山之作。

當時，形成一股風氣，有楊松珍的《解頤》，侯白的《啓顏錄》，出版後，也頗受人歡迎。

唐朝以後，有何自然的《笑林》，也擁有不少讀者。宋朝，寫這一類笑話書的人就更多了，有呂居仁的《軒渠錄》、沈徵的《諧史》、周文坡的《開顏錄》、天和子的《善謔集》相繼出籠，遂使說笑話、講趣譚的著作，漸受人重視，因爲，人實在是一種愛「笑」的動物。

元朝時，有名王曄者，蒐集了一些優伶向君王進諫的笑話，著成《優諫錄》，王國維亦輯成了《優語錄》，使笑話的層次提高，更上了一層樓。

明朝時，笑話書更是盛行一時，馮夢龍這位多產作家，手著的《笑府》十三卷，可謂洋洋大觀，清初，被人刪改爲《古今笑》及《笑林廣記》，一直流行迄今。

我有些學生想編寫「喜劇」，我就推荐他們買《笑林廣記》來參閱，但笑話多半有它的時代背景，如今看《笑林廣記》，發現有些「笑話」已不好笑，過時了，有些「笑話」又太黃了，上不得檯面。

以上，是我所知道的有關中國笑話的發展史。

二

近年來，歐風東漸，一般人喜歡說「洋幽默」，像「讀者文摘」，每期多有重金徵求來的笑話，供讀者解頤，尤其是早些年反共時代，流行說一些「鐵幕笑話」，把史大林、赫魯雪夫挖苦一番，如今也都過時了。

我有一位多年好友王士弘教授，他在學校教書教了二、三十年，向以幽默、風趣，受到學生的歡迎，一些學術團體聞名邀請他去做「幽默人生」的演講，他也來者不拒，前幾年他把所講的笑話分門別類，計有：〈名人篇〉、〈妙答篇〉、〈駱駝篇〉、〈大陸篇〉、〈誤會篇〉、〈整人篇〉、〈洋涇濱篇〉、〈親子篇〉、〈另類篇〉……都是些很少聽到的「笑話」，他取書名爲《王叫獸講笑》，自我調侃，出版專書，送了我一本，其中有一篇〈駱駝篇〉篇名是〈你得告訴我怎麼看這個錶！〉多年以來，使我想起來仍覺得非常好笑。

此外，坊間也有一些「幽默文粹」等專門轉載洋笑話的文集，看多了都是些報紙補白的集大成，不値一談。

最近，相識多年的老友徐天榮教授，集數十年教授戲劇的經驗，廣羅古今中外著名舞台劇、電影中運用的經典笑料，出版了一本《笑的藝術與理論》專著，共卅餘萬言，眞是中國有史以來最豐富紮實的「笑典」，可能是「前無古人，後無來者」。就研究寫「喜劇」的學術著作來說，也是罕見。

徐教授將笑的溯源分成十七種不同的種類，更將「哭」與「笑」的對比，作了十四節的分析，尤其難得的是第四章：「笑與劇的結合」，將笑料如何置入劇情中：分「直接置入」與「經過變造」置入，對學習寫喜劇的朋友幫助最大，是最佳的參考資料書。

三

一般人將看電影當作休閒活動，愛看喜劇的絕對比愛看悲劇的多，我就是喜歡看喜劇，深感「喜劇好看，不好寫」，有些笑話第一次聽很好笑，第二次再聽人說，就不如第一次了，至於聽了第三次，更覺不好笑了，有些相聲的段子好笑，因除了「說」以外，還包括「學」、「逗」、「唱」在內，說一些老段子的相聲，對愛聽相聲的人來說，那簡直是太不好笑了。

喜劇高乘的重點在情節的變化，人物性格的刻劃，若僅靠說俏皮話逗笑話來引人發笑，是次等的喜劇。至於有些喜劇僅靠演員被人作弄，將蛋糕砸在臉上來取笑，那就更等而下之了。

所以我說要寫喜劇，除了注意笑話的蒐集外，更要注意笑的實質，那就是在生活取材方面，要能推陳出新，走新的創作路線，老師說的笑話很好笑，若你也照樣的說一遍，效果一定大打折扣；要說沒人說過的笑話，這才值錢。過去美國曾重價高酬，徵求笑話「首演權」，其道理也就在此。

（發表於95・6・8青年日報）

「求婚」與「蠢貨」觀後

一

五十多年以前，我還在大陸蘇州讀中學的時候，就看過契訶夫（Anton Chekhov）的『求婚』獨幕劇本，印象深刻。雖只有三個人物，但風趣幽默，令人好笑盎然。最近觀賞了由國立台灣藝術大學在台北市政府的親子劇場，演出該劇及『蠢貨』，尤覺得後生可畏，值得為之一評。

按帝俄時代的劇作家契訶夫，生於一八六〇年，卒於一九〇四年，只活了四十四歲。他年輕時先是寫小說，後來轉變寫作路線，改寫戲劇。四十一歲，與莫斯科藝術戲場的女演員奧加尼伯結婚。四十四歲，就以肺病離開了這個世界。他的作品『伊凡諾夫』『海鷗』『萬尼亞舅舅』『三姊妹』『櫻桃園』都享盛名，其中『海鷗』一劇曾多次在台演出。

『求婚』、『蠢貨』二個都是只有三個演員的『獨幕劇』，人物簡單。『求婚』敘述一個年輕人，去女方家中求婚，因為一塊草地與一隻狗的問題，與老丈人發生爭吵。此次演出，老丈人改爲丈母娘，導演以誇張的形態，讓演員發揮嘻笑的劇場效果，拿捏成功。至於『蠢貨』一劇，敘述一退伍軍人去向一寡婦討債，結果因爭吵，要與寡婦開槍決鬥，誰知劍拔弩張之下，結果兩人迸出愛的火花，擁抱在一起。

劇情有些荒謬，眞像劇名『蠢貨』一樣，令人發噱好笑。

二

四十多年前，我曾去板橋『國立藝專』戲劇科兼課，如今『藝專』已升格爲『台灣國立藝術大學』。該校戲劇系主任朱之祥，亦是我多年老友。我看後發現此次演出，雖係獨幕劇，但無論是佈景、服裝、道具以及舞台燈光，及效果音響之配合皆有『專業』之水準，眞是可喜可賀。與當年之情況，眞是不可同日而語了。藝術大學在歲月的演變中，眞是成熟茁壯，令人刮目相看，我尤其感到高興與欽佩。

劇中之演員中連恩德演史米諾夫、廖梨伶飾演波波瓦、阮惟朋飾演絡莫夫、李淑玲演娜坦麗亞均十分突出，前途遠大。

（發表於94·6·15青年月報）

「豆腐坊喜事」觀後

一

最近有機會觀賞了「中華民國殘障技能發展協會」的「可樂果劇團」演出的舞台劇：「豆腐坊喜事」，頗有所感，特寫數語予以肯定。

「可樂果劇團」是由一群肢體殘障，卻又愛好戲劇演出的青年男女所組成；上台的演員，絕大部份都要乘坐輪椅上台，因此舞台上不設置椅子，要預留空間，好讓輪椅上演員台可以轉來轉去。

這一支劇團，與一般職業劇團不同，導演安排演戲，眞是煞費苦心格外辛苦，但劉華女士不辭辛勞，教導扶育這些愛戲的年輕朋友，倏已十年，十年有成，如今，他們在舞台上的表演，已十分老練，不亞於一般職業演員，劉華導演的心血沒有白費，是相當令人刮目相看的。

「豆腐坊喜事」是資深編劇高前先生的力作，多年前該劇曾榮獲我頒發的第三屆「姜龍昭戲劇獎」。我認爲是一不可多得的上乘喜劇。

二

前兩年，劉華女士曾在她任教的基隆培德影視科的同學畢業公演過，這是該劇第二度上演，相比之下，本次的演出，較不坐輪椅的影視科同學演得更上一層樓。

「豆腐坊喜事」故事的背景，是放在大陸北方鄉村裡一家製作豆腐營生的家庭，爲兒女婚姻所產生的一些趣事；這家豆腐坊的老闆娘，爲了給兒子娶一房媳婦，劇情曲折離奇，可謂高潮迭起，前後涉及三個不同身分的女人。

爲演出此劇，演員必須說北方捲舌的語言，否則就不溜、不順，不是那個味兒，此次舞台設計劉惠華，特別排了石磨，在台上當場磨豆腐、賣豆腐，爲了輪椅轉動方便，台上留了很大的空間，還裝設薄紗隔間，供觀衆可以看到新人洞房的情形，更讓新娘的喜轎由舞台中間走廊上，連同一些賀客一起走到台上，眞費了不少心思。

如今，要演出一場舞台劇，佈景、道具、燈光、化裝、服裝、場租在在都需要錢，幸靠文建會、文化局的支持贊助，才得衝破種種難關，與觀衆見面，如今電視觀衆看膩了「韓劇」，多希望看一些「國語」的舞台劇，「可樂果劇團」一年只演出一齣戲，我眞盼望他們能多多演出，以滿足戲迷的眼福。

（發表於95．2．23青年日報）

春到·福倒

一

過了陽曆新年，就快過陰曆新年了。

春節期間，大家喜歡用紅紙寫上春聯張貼，或是簡單一些，只寫一個「春」字或是「福」字倒貼過來，表示春到、福到的吉祥味兒，圖個喜慶。

早在遠古時代，我們祖先，曾用黃色代表吉慶。到了漢朝，因漢高祖劉邦，稱自己是「赤帝之子」，赤是紅色的意思，漢朝以後，我國各地崇尚紅色的風俗習慣趨向一致，新春佳節、喜事，都喜歡用紅色的色彩。

二

用紅紙單寫一個「春」字或「福」字

故意將之倒貼，不用正貼，其中，是有典故的，一般人可能不知道，因爲這很「流行」，所以我不妨細說一番。

這最早起源於清朝，當時，有恭親王府，是官宦人家，到了春節前夕，大管家爲了討主人歡心，按例寫了幾個斗大的「福」字，叫佣人貼在庫房和王府的大門、內屋房門上。有一家丁，因目不識丁，竟糊裡糊塗將大門上的「福」字貼倒了，恭親王福晉看見了，十分氣惱，認爲這是不祥的，欲用鞭子責打這一家丁，以示懲罰。

正此時，幸好大管家，是個能言善道的人，他隨機應變，深怕連累及他自己，就慌忙跪倒於地，向福晉陳述：

「奴才常聽人說，恭親王壽長福大造化大，如今大福果眞倒了，乃吉慶之兆也。」恭親王福晉，一聽福到、福倒，音完全相同，說的通，也合情理，再又想，吉祥話說了千遍，金銀增萬貫，沒學問的奴才，還眞想不出這一招呢！

一時高興，遂收起鞭子，賞那家丁和大管家各五十萬銀子。皆大歡喜過新年。

這一故事，後來傳了出去，一些達官貴人的府弟，也跟著模仿，以得好口彩。

由著只是「福」倒，後來迎春節，把「春」字，也「倒」過來貼，一些民間尋常人家，也跟著有樣學樣！

變成習俗，流傳至今，一些小孩子，識字不多，都會向父母詢問，春節期間，大人都樂於爲之說，福眞到了，春也到了。

一封密藏的情書

一

故事發生在民國四十五年，在桃園，有一個死了丈夫的徐性女人，她做洋裁，獨立負擔家計，扶養一兒一女長大。

兒子叫徐滌生，在台北師範大學念音樂系，尚未畢業，而女兒叫徐枕玉，在桃園中學念高二，枕玉有個要好的女同學，叫鍾小鳳，和枕玉同年。

一天，學校放學後，她帶小鳳回家玩。正巧枕玉的母親，給枕玉做了件洋裝，要枕玉試穿一下，看合不合身？

枕玉穿上洋裝後，十分高興，小鳳看了甚爲羨慕，要徐媽媽用同樣的衣料，給她也做一件，這樣，兩個人穿起來，就像一對姐妹花，枕玉的媽媽答應了，就給小鳳量身材尺寸。

因爲放春假，滌生自台北回家，見到了小鳳，一見鍾情，在枕玉的介紹下，因小鳳也喜歡音樂，滌生就將自己新編寫的一首歌曲：「一襲輕紗萬縷情」，教小鳳唱，他希望小鳳中學畢業後，也去台北學音樂，但小鳳表示，她希望將來有機會出國。

鍾小鳳性格捉摸不定，凡事猶豫不決，有一次枕玉陪她上街去買鞋子，逛了兩個鐘頭，桃園大街小巷都走遍了，仍沒決定，要買怎樣的皮鞋，最後還是穿原有的那雙舊鞋回家。有一回，同學在家舉辦生日舞會，邀小鳳去參加，小鳳打算盛妝去赴會，但是想來想去，是留長頭髮好呢？還是把頭髮剪短拿不定主意。小鳳的母親就說她這樣的個性，老是拿不定主意，將來總有苦頭吃。

「媽，我知道這是我的毛病，但是改不過來有什麼辦法？」正說時，門鈴響了，枕玉來找她，說她哥哥找小鳳去家裡三個人玩跳棋，說她哥哥在學校是「跳棋冠軍」，從沒有輸過！

「吹牛，我就不信他能贏過我！」

小鳳原本要出去洗頭髮的，隨即改變了主意，去枕玉家下跳棋，鍾母嘆氣說：「唉，小鳳這孩子一天有十七，八個主意，神仙也猜不著，下一分鐘她想做什麼！」

小鳳自從認識滌生後，就陷入了情網，兩人常去郊外一處有池塘的地方垂釣，再不二人一個人吹口琴，一個人哼唱滌生做的那首歌曲，愛情眞像一襲輕紗，如雲霞一般，籠罩著小鳳的面頰，使她看不透此情是眞是假？

二

小鳳有一個遠住在日本的表哥，叫羅麒，分別了六，七年，如今，羅麒已長大成人，大學畢了業，專程獨自由日本來桃園看望小鳳，他看見小鳳已亭亭玉立，散發著青春活力，就邀小鳳利用學校放暑假，陪他去環島旅行，小鳳的母親因只生小鳳一個女兒，也希望小鳳將來有一個好歸宿，心目中，已把羅麒視爲未來的乘龍快婿人選，樂於見兩人玩在一起，羅麒的父母都住在日本，在東京做百貨生意，發了些財，小鳳不但愛慕虛榮，也喜愛出國遊玩，就在羅麒的邀約下，母女二人，同去日本，在東京玩了半個月才回家，這一陣子，在小鳳的心裡，幾乎已忘了滌生。

「天有不測風雲，人有旦夕禍福。」滌生的母親，因過度勞累，心臟病突發，猝然去逝。滌生只好半途退學，回家來，主持家計，他與人合作，只是在桃園開了家服裝店，繼續母親留下一的些基本客戶，慘淡經營，因他人聰明，頭腦又靈活，長於服裝設計，生意開始不久，甚爲興旺，他設計了一套新娘禮服，穿在模特兒身上，陳列在店內的櫥窗裡，吸引了不少來往顧客，一日小鳳來找他，枕玉也看到了，滌生欣然的跟小鳳說：「有一天，妳若結婚的話，我一定送妳一套新娘禮服。」

小鳳銘記在心，但她向滌生表示，眼前她高中尙未畢業，她還不想結婚。

滌生在台北師大求學時，有一名叫汪婷婷的女同學，爲一富家千金，對滌生追求甚力，常由台北專誠來桃園找滌生玩，並常三天兩頭寄情書給滌生，並邀請滌生去台北與其父親見面，她表示其父親願意支持他在台北開服裝公司，請他做經理，滌生有些心動，希望自己的事業愈做愈大。

枕玉知道婷婷追求她哥哥，一日談話中，告訴婷婷，她哥哥已有女友小鳳，希望婷婷能知難而退。誰知婷婷性格強烈，希望得到的東西決不輕言放棄。她乃邀請滌生去台北與其父親晤面，汪父對滌生深俱好感，決心支持其來台北發展，並願意在滌生之服裝公司在台北開幕前，舉行一場大規模的服裝展覽，安排名媛閨秀上場亮相，增加聲勢。並且要滌生去歐洲巴黎一行，設計最時尚的式樣爲號召。滌生已高興的覺得自己好運來了，也對婷婷產生了好感，接觸頻繁。婷婷爲達成她的心願，暗中寫信給小鳳，謊稱她與滌生在台北已訂婚之事實，要小鳳另找對象交往，以免誤了終身大事。

小鳳接信後，信以爲眞，恰此時羅麒父母寫信來，希望她能去日本與羅麒同去美國留學並蜜月旅行，不容易決定主意的小鳳，受不了出國的誘惑，加上汪婷婷的刺激，小鳳終於決定了她與羅麒的婚期。

當滌生自台北回到桃園，得知此一訊息，小鳳雖知自己被汪所騙，但已難以挽回殘局，滌生含淚於小鳳結婚前夕，爲之完成他答應所贈送的新娘禮服，要枕玉送去，只是他在衣服裡密藏了一封信，表達他的情意。

三

小鳳婚後與羅麒去了美國，羅麒在美國求學因課業跟不上，甚爲煩惱，而不久想不到的是羅父突然罹患血癌，黯然過世。

羅母迷信是因小鳳命硬將丈夫剋死的，婆媳之間時起勃谿，不久羅母也相繼去世，他們也就自美返回日本。

羅麒不善經營生意，家道乃告中落，小鳳生下一女，取名爲幼華，從此簡樸度日。羅麒因諸事不順，乃借酒澆愁不再振作，居處不再豪華，開始過平淡的生活。

而滌生雖事業順利，但仍念念不忘小鳳。枕玉已及時結婚，婚後生了兩個男孩，甚是活潑可愛，不時爲滌生介紹女友，希望他「男大當婚」，不忘延續徐家香火。但滌生心如古井，常獨自常去與小鳳遊覽的桃園郊外，垂釣于水池邊，緬懷往昔。

小鳳的丈夫羅麒經常酗酒，胃疾加劇，醫生希望他住院開刀，徹底根治，但礙於經濟，無法如願，最後終於吐血而死。

羅麒死後，小鳳以縫製童裝謀生，日復一日，十年一晃而過，她蒼老憔悴多了。羅麒留下的一枚婚戒，讓她撫今追昔，茫茫然十年婚姻，恍若一夢。一日幼華放學回家告訴母親，學校這個月二十五日要開同學會，班上要演一齣「白雪公主」的戲，老師選她演白雪公主。

小鳳聽了十分高興，幼華又說老師表示：「白雪公主一定要穿一套白紗的公主服，媽，你給我做公主服好嗎？」

小鳳想，做一套白紗公主服要花不少錢，但又不忍心拒絕女兒的要求，她突然想起滌生當年送她的新娘禮服，如今仍保存著，不妨動手給它修改一下，把那積壓在箱底的新娘禮服找了出來。

當天晚上，吃完晚餐就開始趕工，幼華睡了，夢中還說著夢話：「媽，我要你做一套白紗的公主服……」

夜涼如水，萬籟無聲，小鳳先拆除禮服的裙邊時，頓時使她想起了滌生這個難忘的初戀情人，往事如煙「一襲輕紗」那首曲子在她心裡升起。

突然，她在禮服邊發覺其中好像藏了一樣東西，她將裙邊拆開，發覺是一封信，一封沒有信封的信，她將信紙展開，她看到了滌生寫的字，「啊！一襲輕紗……一襲輕紗，愛情像一襲輕紗……」那些字句的音符也開始在她的耳朵邊響了起來。

她想起當年，在水池邊滌生和她吹著口琴，她吟唱的情境，像影片一樣在腦海中重播映出來。

她的眼睛模糊了，淚水像珍珠一般在面頰上飄落下來，啊！滌生，在她一生中難以忘懷的愛人，如今又在何處呢？

十年了，他已不再年輕，他應該三十多歲了，他已經結婚了嗎？我何不寫封信給他問候他一下近況，他是否已經搬家了呢？地址有沒有改變呢？

她興奮的開始寫信，眼淚滴在信紙上，字跡都模糊了。

四

滌生寂寞的獨自在水池邊釣魚，釣餌動了，他釣上一條魚，他把魚的勾子拿去，又把魚放回魚池。

他的妹妹枕玉，已是兩個孩子的中年婦女了，興奮的跑到水池邊，高聲的叫著：「哥哥！哥哥！你心愛的小鳳從日本給你寄信來了，她還沒有忘記你啊！」

枕玉一邊說，一邊將信向滌生面前晃著。

「枕玉，是眞的嗎？快把信給我看！」滌生有些迷惑，這是眞的嗎？撕開信封兄妹二人一起來看這封信，信是這樣寫的：「滌生：十幾年不見，你還記得我嗎？今夜當我從你送我的結婚禮服中，發現你密藏在裡面的信，我已無法抑制自己，不禁流下了眼淚。啊！要是當年我看到它的話，那該多好，如今一切都已經成了過去，還說這些有什麼用呢？十幾年過去了，想你也已成家了吧！婚後的生活還幸福嗎？羅麒已在一年前因病去世，留在我身邊的只有一個十歲不到的女孩，我終於看到你密藏的信，「一襲輕紗萬縷情」希望你收到信後，早日給我回信，不多寫了，問候你妹妹枕玉安好，小鳳寫於五月五日燈下」

枕玉看完了信說：「哥，你把一封信密藏在結婚禮服中，小鳳如今才看到。」

滌生說：「是呀，眞沒想到，小鳳的先生已經過世了……」

「哥，你快去給小鳳寫回信吧！別在水池邊浪費時間了。」

「對，我得馬上去寫回信！」滌生起立欲回去時，忽又改變主意，爲了給小鳳一個意外的驚喜，他決定去旅行社辦出國旅遊的手續，他要動身去日本，當面會唔久別的小鳳。

五

當飛機在日本東京的機場降落時，已是萬家燈火了。徐滌生風塵樸僕，按照小鳳信封的地址，搭計程車抵達小鳳的住址時，小鳳母女正巧去學校看白雪公主的演出，尚未返家。

滌生幸遇小鳳的房東，聽說他是從台灣來的遠客，就接待他去客廳等待。不久小鳳母女回來，小鳳見了滌生，恍惚在夢中一般，二人情不自禁相擁在一起，小鳳淚眼模糊中，爲滌生介紹她的女兒幼華。

滌生看見了她穿的公主服，拉著她的小手問：「小朋友你幾歲啦？」

幼華回答說：「九歲」

「你穿的白紗公主服眞漂亮！」

「幼華，叫徐叔叔，她穿的這件衣服，就是當年你送給我的新娘禮服改的，要不然，我還看不到你密藏在裡面的信呢！」

「要感謝主，讓我們久別重逢……」

「滌生，怎麼你太太沒有跟你一起來呢？」

滌生說：「小鳳，我一直沒有結婚，那兒來的太太？」

小鳳驚訝地說：「什麼？十幾年過去了，你眞的一直沒有結婚？」

「我若是結婚了，我就沒有臉來見你了。」滌生說

「那枕玉呢？」

「她已是兩個孩子的媽媽了，比你多了一個。」

「『一襲輕紗萬縷情』小鳳，你還記得這首歌嗎？」

「我沒有忘記『一襲輕紗萬縷情』這首歌，我們一起來唱好嗎？」

「一襲輕紗萬縷情」的音符，在空氣中飄蕩起來……

「一襲輕紗，一襲輕紗，愛情像一襲輕紗，如雲霞，如雲霞，籠罩我的面頰，看不透她的情，是眞是假？千絲蜜意，萬縷柔情，編織成一個夢境，如幻影，如幻影，縈繞我的心靈，多少的相思，訴不盡，一襲輕紗萬縷情……」

美女貂蟬的一生

中國四大美女之一，貂蟬小時候，聰明活潑人人喜歡，前來燒香拜佛的香客問起，尼庵主就說，她父母俱亡，尼庵慈悲爲懷，將之收養長大成人。

一

從前的人，談及四大美女的容貌，喜歡用「沉魚落雁」、「閉月羞花」八個字來形容。魚兒見了西施，要沉到水裡，雁兒見了昭君，要自天上落下來，月亮見了貂蟬，要躲起來，牡丹是花中之王，見了楊貴妃，也要害羞，不敢抬起頭來。

我過去研究考證過「西施」，也考證過「楊貴妃」，如今，我打算把「貂蟬」的故事也來研究一番。

《後漢書》和《三國誌》呂布傳上，雖都有言及呂布與董卓的侍婢私通，但未及言明，這名私通的侍婢名叫「貂蟬」。

文曰：「卓常使布守中閤，布與卓侍婢私通，怕事發覺，心不自安。」

也有人說，與呂布有過一段夫妻關係的女子，她姓杜，也不是貂蟬。

《三國誌》關羽傳中，裴松之注引《蜀記》稱，「曹公與劉備圍呂布於下邳，關羽啓公，布使秦宜祿行求救，乞娶其妻，公許之，臨破，又屢啓於公，公疑有異色，先遣迎過看，因自留之。」

這一段史實，《三國誌》明帝記青龍元年下，裴松之注引《獻帝傳》中，也有記載。文中，關羽想娶的女子，原是秦宜祿之妻，姓杜，後來秦宜祿另娶，亦非貂蟬，該杜姓女子，與呂布成了夫妻。

大約杜女很漂亮，不然關羽不會三番五次地求曹操。不過也正如此，因此她漂亮，曹操見後自己也留下了，使關羽「失戀」，事情發生在建安三年十一月（公元一九八年），時曹操四十四歲，這位史籍中唯一有姓的，隱約與呂布有關的女人，不是貂蟬，明白如水。

然則，貂蟬這位美女，究竟是如何產生的呢？

最先是元刊本《三國志平話》和元雜劇《錦雲堂暗定連環記》中，說董卓的侍婢，原來姓任，小字紅昌，父名任昂，忻州木耳村人氏，時漢靈帝刷選宮女，因貌美被選上，入宮中做宮女，因其掌管官冠之冠飾「貂蟬」，簡稱之「貂蟬」，久之就取代了她的本名。

按《後漢書》《輿服志》「侍中，中常侍冠武弁大冠加黃金璫，附蟬爲文，蟬尾爲飾，謂之趙惠文「冠」注：「徐廣曰：蟬，取其清高，飲露水而不食，貂，紫蔚柔縟，毛采不彰灼」

官名，金時有金貂蟬立筆，金立筆、銀立筆，以分官階，相當於明清朝起居注之職。貂蟬的故事，因《三國演義》，明人傳奇《連環記》之記載，流傳於後世。茲依據史料，將她的故事，向大家細說一番。

二

東漢時，臨洮有一人，名董卓，他字仲穎，粗猛有謀。桓帝時，官羽林郎，屢有戰功，靈帝時爲前將軍，官拜并州牧，帝崩，應何進之召，帶引兵馬詣京師，誅宦官事平，乃自稱爲相國，權傾一時，先廢少帝，弒何太后，立獻帝登王位，處事淫亂兇暴，毒流朝野。

時超紹，起兵討之，卓挾帝遷都長安，自爲「太師」，一人之下，萬人之上，頗有意篡位爲王，朝中對之心中不滿者，即爲其清除殺害。

時九原有名呂布者，有膂力，善弓馬，人號稱爲飛將軍，雖英勇而無謀，又輕於去就。始初事丁原。尋殺丁原，而歸順於董卓，卓如虎添翼，視布爲心腹，布乃視卓如同父子。

時朝中，有一司徒王允，足智多謀，鑒於董卓、呂布均好女色，乃思有意圖之。左思右想，給他想出了一個「美女連環計」，計畫找出一個美女，先獻給呂布，再送給董卓，從中挑撥離間二人，在爭風吃醋的情況下，自相殘殺，他就可以隔山看虎鬥。

只是「美女連環計」中的美女，不只單是要長得美，還得要有心機，有膽量，才能臨機應變，周旋於二人之間，這可使他想到了，遠在天邊，近在眼前的使女貂蟬來。

關於貂蟬的身世，有幾種不同的說法：

其一、說董卓當中郎將時，有一天出去打獵，途中遇上豪雨，混身淋得像落湯雞一樣，他見附近有一尼姑庵，就進尼姑庵去避雨，接待他的是一年輕貌美的尼姑，不禁引起了淫念，就將之姦污。

誰知此一尼姑事後，竟懷了孕，本想自殺，爲尼庵主發覺，十分同情，其他尼姑就在尼庵附近，搭了間茅棚將待產的尼姑安頓，並指派尼姑多人照料，每天還送菜飯，直到她足月生產。

在一個大風雪的夜晚，該尼姑臨盆分娩，結果難產，尼姑找不到接生婆，使她流了不少血，雖生下了女嬰，就不幸死去。

前來送飯菜的尼姑，將身邊一件貂皮背心，包裹了女嬰返回尼姑庵，見女庵主，女庵主見小女嬰模樣像她娘，十分俊俏，非常喜愛，就留在尼庵撫養長大，女嬰哭起來聲音像蟬鳴，就爲之取爲名「貂蟬」。

貂蟬小時候，聰明活潑人人喜歡，前來燒香拜佛的香客問起，尼庵主就說，她父母俱亡，尼庵慈悲爲懷，將之收養。

一日，正好司徒王允夫人前來燒香，見了貂蟬，問起經過，就表示願意領她回府，貂蟬也就離開了尼姑庵。

如此說來，貂蟬不就是董卓的女兒了嗎？

羅貫中寫的《三國演義》也是如此說的，但是稿成以後，羅送給友人看，友人是在朝廷做官的，將之獻給嘉靖皇帝看。

開始看時，嘉靖皇帝連說寫得很好，但看到董卓強暴了尼姑，然後生下貂蟬，就覺得不妥，認爲董卓與貂蟬實是父女，如何可以同床稱夫道妻，實有傷風化，表示不可再傳之於世。

羅貫中因皇帝金口玉言，不敢違抗，就遵旨把這一段文字删除了。

其二、蟬是一種飲露水而生的動物，因之民間傳說，貂蟬是露水變成的，怎麼會被王允收養在王府中的呢？

話說，有一天王允外出途中，坐在轎中，看見前面有一女子身影不凡，走路如風擺楊柳，身後有紫煙飄渺，王允好奇，就命停轎對身邊的宗正官說：「我見前面有一女子風度不凡，你過前去，喊他來見我。」

宗正官奉命前去，見了那女的，回來稟報說：「哪兒有風度不凡的女子？只是一個流浪的小姑娘，且縮成一團睡在路邊。」

司徒王允不信，說我明明看見，難道是我老眼昏花嗎？他命宗正官去把她叫來，問個明白。

宗正官去叫那小姑娘時，見她正趴在路旁，舔草上的露水吃呢！

王允十分同情她的遭遇，就表示願意收她爲義女，乃將她接回府中與夫人見面，夫人將之視作珍寶。而貂是山野中的珍獸，蟬是飲露水長大的，乃給她取名叫「貂蟬」。

宗正官將她喊起來，一看，嗨，衣裳破爛骯髒不說，臉上還有黃疤子癩瘡，見了令人噁心欲吐，正欲轉身離去時，小姑娘「哇」的一聲哭了起來，她一邊哭，一邊用衣袖擦臉上的淚水，誰知一擦，臉變得白又淨，標緻起來，她用手抓去黃疤子癩瘡，那些疤痂也都掉了，露出烏黑的頭髮，完全變了樣子，眼睛也明亮了，完全是一個美人胚子。宗正官看呆了，就對貂蟬說：「小姑娘，妳眞像天上的仙女下凡來了，快跟我走吧！有人來接妳來啦！」

王允見了貂蟬的模樣，十分高興，就問她的身世，家中有什麼人？她只是點頭，什麼事都不知道，只知道喝了露水飽了就睡覺，四處流浪，沒有親人，又沒有家。

王允十分同情她的遭遇，就表示願意收她爲義女，將她接回府中與夫人見面，夫人將之視作珍寶。而貂是山野中的珍獸，且貂蟬是飲露水長大的，決定給她取名叫「貂蟬」。

三

貂蟬被王允司徒收爲養女，留在府中，教以歌舞，她一學就會，年方二八，色伎俱佳，王允視她爲親生女兒一般。

爲了剷除賊臣董卓，王允想出「美女連環計」，一日，在花園中向貂蟬說出此一計畫，想不到貂蟬一口答應，決定爲義父赴湯蹈火，達成此一任務。

次日，王允先將家藏珠寶，打造金冠一頂，送與呂布，並備佳餚美酒，請呂布來宅一敘，酒至半酣，引貂蟬出來相見，命貂蟬敬酒與布，兩人眉來眼去，允佯醉曰：「吾有意將此女送與將軍爲妾，肯納允否？」呂布出席叩謝。允曰：「早晚選吉日良辰送至府中」布欣喜，再三稱謝。

翌日，允又至相府，請董卓到寒舍飲宴，董卓欣然前往，席間允又引出貂蟬於簾外歌舞助興，卓見貂蟬，驚爲天人，允即言曰：「允欲將此女獻與太師，未審太師肯容納否？」卓大喜稱謝，當日即備氈車，將貂蟬送入相府。

越日，事爲呂布所聞，逕入相府探聽，卓侍妾告以：「太師與新人共寢，至今未起。」布怒潛入臥房窺探，見貂蟬正在梳頭，驟見呂布，故蹙雙眉，頻拭淚眼，以手指心，又指董卓，出於無奈，布心如碎，卓醒，見布與貂蟬，相擁撫慰，大怒，叱布曰：「汝敢戲吾愛姬耶？」喚左右將布逐出：「今後不許入堂。」

從此，董卓處處提防呂布，一日，在殿上不見呂布，立即趕回府中，在後花園鳳儀亭中，見布與貂蟬共語，大喝一聲，取過布之畫戟，卻取其性命，幸布閃躲得快，未被擊中。

王允見計得逞，復語呂布曰：「將軍若扶漢室，乃忠臣也，青史傳名，若助董卓，乃反臣也，遺臭萬年。」

呂布決心殺董卓，奪回貂蟬，是日卓上早朝時，王允與呂布在殿門外，出將之擊殺，董卓死後，呂布至郿塢，取了貂蟬，塢中良家婦女也盡行釋放，而董卓親屬，悉皆爲之誅殺。

四

董卓死後，黃巾賊寇興起。天下紛亂。劉備、關羽與張飛桃園三結義，曹操擁兵霸峙一方，圍住徐州，倚強欺弱。劉備修書，希曹操先朝廷之急，撤兵以救國難，操本欲斬來使，左右勸阻。此時，呂布已襲破兗州，進據濮陽。

呂布雖勇，而無謀，性格又反覆不定，先投靠袁術，術不納，乃投袁紹，紹與布共破張燕於常山，布以得志，傲慢於袁紹手下將士，紹欲殺之，布乃去投張揚，揚納之。

後又遇李傕、郭汜之變，飄零關東，先諸侯多不能相容，與曹操交戰於定陶，又大敗，走投無路，投靠劉備，又不爲張飛所容。

呂布正娶嚴氏爲妻，後娶貂蟬爲妾，居小沛時，又娶曹豹之女，爲次妻。曹氏先亡無出，貂蟬亦無出，僅嚴氏生一女，布最鍾愛。

而袁術有一子，乃託人說媒向呂布求親，嚴氏因袁術早晚可能成天子，促布允婚，呂布乃與袁術結爲姻親。

後呂布爲曹操困於下邳，兩月僵峙不下，操決沂，泗之堤，水淹各門，呂布親自迎戰，終不敵爲曹操生擒，縊殺梟首。

呂布死後，貂蟬何去何從？《三國演義》，未有任何文字交待，令讀者疑惑。

五

貂蟬雖在《三國演義》中失蹤，但在地方戲曲中，各有不同的傳述。先是崑曲、徽劇，後是川劇、漢劇、京劇、豫劇、秦腔、河北梆子、滇劇。

梅蘭芳老師王緑卿改編的京劇「呂布與貂蟬」最爲著名，後亦拍成電影，我幼年時在大陸上曾看過由顧蘭君、顧也魯合演「貂蟬與呂布」之電影，顧蘭君也以此片一炮而紅。

地方戲曲，情節在呂布死後，有二種不同的演法：

其一、崑曲中有「斬貂」一齣。敘述呂布白門樓隕命後，家業盡散。布妾貂蟬爲張飛所得，送與關公處。關羽光明磊落，不願納一失節少婦，雖貂蟬是一美女，但已徐娘半老，不復青春貌美，不足動其心。

且念貂蟬乃司徒王允義女，王司徒巧用連環計，離間董卓、呂布，使彼父子自相殘殺，卓因而被殄滅。匡扶社稷，貂蟬誠有大功於漢室，唯際此亂世，女子水性楊花是禍水，難保不爲人所污辱，唯有一死，始可保全其名節。

關羽左思右想，決定夜間，喚蟬入帳中，拔劍將之斬殺，這是第一種說法。

其二、按《三國演義》敘述呂布死後，曹操將其妻妾送回許都，以貂蟬使關公，意欲使關羽迷戀美色，消磨其英雄氣概。孰知關羽之事尚未定奪，趙雲奉諸葛亮之命前來追殺曹操。

時曹操聞訊，早已不在帳中，貂蟬見戰亂又起，改扮成男裝意圖逃命。

途中，爲趙雲發現，以爲是少年書生，叫人帶在馬後，聽後發落，沒走多遠，貂蟬腿腳不便，跟不上行進，兵士稟告趙雲，雲派人攙扶著走，貂蟬又堅決拒絕，兵士又向趙雲稟告，趙雲怒甚，表示軍情緊急，哪有工夫與之囉嗦，令脫去衣服，重打五十軍棍，兵士上前剝衣，才知貂蟬是喬裝改扮，趙雲十分驚訝，早聞貂蟬事蹟，立即派人用馬護送其回營，向劉備、諸葛亮報告，諸葛亮說：「可請來二弟、三弟一議，再作主張。」

六

劉備選了良辰吉日，決心爲關羽辦喜事。

是日，關羽喝了喜酒，被劉備夫人送入了洞房，喜燭高燒，貂蟬坐在床邊等著關羽來臨，心想能與關羽結爲夫妻，終身有靠，不禁紅雲滿面，喜形於色。

關羽雖被劉備勉強說服，但內心仍十分矛盾，在房內轉來轉去，拿不定主義，始終覺得美女貂蟬是一禍水，爲求自身安全，不如將之斬殺。

時貂蟬見關羽久坐不語，又手握「偃月刀」，乃請關羽放下兵器，歡度良宵，關羽見貂蟬巧笑倩兮，心神恍惚，忽想起自己在兩軍陣前，殺人不眨眼，如今竟見了美女，下不了手，乃藉酒壯膽，喝一杯酒後，心一橫遂以青龍偃月刀斬殺貂蟬。

貂蟬受傷後，向關羽哀呼叫：「關將軍，妾有何罪？將我殺害……」

關羽閉上眼睛，向之一陣亂砍，可憐貂蟬就一命嗚乎，命喪黃泉，結束了坎坷的一生。

眞可謂紅顏薄命，令人嘆息。

如今豆棚瓜架間，鄉村父老每每提及「關公月下斬貂蟬」之事，均不勝噓唏，感嘆不已，也有人說：「關公日後敗走麥城，送命，是他錯殺了貂蟬的報應」，是耶，非耶？

※註：

黃巾賊作亂，劉關張桃園三結義時係甲子年，在公元一八四年，呂布因貂蟬殺董卓，時在公元一九二年，曹操於白門樓將呂布縊殺，時在公元一九八年，呂布死後，三國演義對貂蟬的下落，未有清楚的交待，至公元二一九年，劉備爲漢中王，關公走麥城時，爲孫權殺死，死時五十八歲。至於關公何時斬殺貂蟬，僅戲曲有演出，是在公元何年何月，找不到正確的記載。

最近我在一份剪報上看到，關公爲孫權所殺，時在建安二十四年（公元二一九年），孫權斬了關公想嫁禍給曹操，連夜以木匣盛關公之首級送洛陽。曹操啓匣視之，竟向之調侃地笑問：「雲長公別來無恙？」言未畢，忽見匣中關公口開目動，鬚髮皆張，操驚倒，後乃設牲禮祭祀，刻沈香木爲軀，以王侯禮葬首於洛陽南門外之塚墓。

關羽、張飛進帳後，劉備即將貂蟬之事，告知二人，關羽說：「貂蟬非等閒女流，留在軍中，非同兒戲，依弟之見，一則殺，二則放，成全了她吧！」

張飛聽說要殺貂蟬，圓目大睜叫嚷起來說：「貂蟬是絕世美女，與你我兄弟毫無瓜葛，留在軍中，又有何干？我老張追隨大哥，南征北戰，戎馬生涯十餘載，不如將她給弟收爲壓帳夫人，有何不可？」

張飛言罷，諸葛亮忙問劉備：「主公意下如何？」

劉備說：「三弟如有此意，爲兄本應成全，可是你二哥也未有妻室，先兄後弟，才是合理。」

張飛聽後，低頭不語。

劉備想了想又說：「二弟三弟，此事讓你大嫂去問一問貂蟬本人，看她願意跟哪位兄弟，那位兄弟也就不要推辭了。」

言罷，各人散去，劉備回到後帳，就和夫人一商議，先把貂蟬叫來，劉備避在後邊聽貂蟬心願。

夫人問貂蟬說：「我要爲妳找一條生路，許配一個如意郎君，後半生也好有個依靠。」

貂蟬說：「多謝夫人美意，不知是哪位將軍？」

夫人道：「我二弟關羽、三弟張飛均未成家，你願配哪位？」

貂蟬說：「關將軍仁義之名，天下傳聞，如能夠與關將軍鋪床疊被，也不枉爲一生。」

劉備在帳後，聽了大笑而出：「貂蟬女果眞有意，孤家自要成全。」貂蟬心喜臉紅，掩面而去。

劉備見大事已定，就把關羽請來商議，誰知關羽執意不肯接受，口口聲聲表示，爲了大哥的江山，還是把貂蟬送返曹營，以除後患。之後竟殺了貂蟬！

（發表於95・3・27～29青年日報）

關於《西施考證研究》

近因研究西施的史料，使我找到了范蠡後來被人稱爲「陶朱公」的原因，他致富的捷徑，原因是他懂得養魚之道……

一

我從事戲劇寫作多年，近年來興趣轉向考證研究。

先是我因製作《香妃》電視連續劇，因有三種不同的說法：一說歷史上根本無香妃其人，因清史上沒有她的記載，是小說、戲劇界編出來的故事。二說，清史上乾隆確有一回疆的妃子，那是容妃，亦未被太后賜死，她是年老後自然病死的。三說，香妃確有其人，容妃也確有記載，兩人俱是回疆女子，一從了乾隆，一未從乾隆，故在清史上，一有記載，一未有記載。

我爲此事深入考證了廿六年，並長途跋涉親自去新疆的喀什噶爾跑了一趟，前後出了三本《香妃考證研究》的專集，獲得大陸上研究香妃專家于善浦先生的認同與肯定。

後來，我在白居易寫的〈長恨歌〉上，讀到這樣的詩句：

「馬嵬坡下泥土中，不見玉顏空死處。」楊貴妃未死在馬嵬坡，死在何處呢？我深入考證，並於二〇〇二年親自去了一趟日本山口縣的油谷町，並造訪了該地的「二尊院」楊貴妃墓地，看了不少書籍，考證了楊貴妃確未死在「馬嵬坡」，她是死後復甦，逃往日本，才死在日本的，我出版了《楊貴妃考證研究》的專著，獲得教育部的認同與肯定。

二

八十三年六月，我發現四大美人之一的「西施」下落，亦有不同的說法，大部分的書籍，說她與愛人范蠡泛遊五湖，不知所終，另有一說，她被沉於江水中死去。

我開始深入考證研究，那一種說法，是正確可信的，大陸開放後，因我是蘇州人，三度返鄉掃墓，進行實地考證，另在臺灣的蘇州同鄉會集會的時間，向老一輩鄉長請教，加上我母親往生後，墓地就葬在靈岩山木瀆鎮山麓下，靈岩山有不少當年夫差與西施生活在一起的古蹟，引起我極大的興趣，在一些古蹟，「吳王井」還拍了不少照片，並又在木瀆鎮的「石家飯店」吃過當年于右任院長最欣賞的「鮑肺湯」。

最近我完成了《西施考證研究》的專著，前後花了十一年功夫。我看了不少有關西施的書籍，發現其中，有些寫西施出生在浙江諸暨苧蘿山下的施家村，有的則寫是「苧夢山」，「苧蘿」「苧夢」那一個才是正確的，……後來才發現，原來是因大陸推行簡體字，將「苧蘿」誤寫成「苧夢」，一般台灣出版公司，習而不察，跟著錯寫成苧夢了。

其次，西施爲勾踐雪恥復國，建了大功，爲何最後卻被冤死裝袋沉江中，原因是勾踐也是一個好色的君主，西施未送往吳國以前，他就有意要西施留在越國，做他的夫人……後來西施達成任務返國，勾踐夫人曾問勾踐，如何安置西施，封她什麼位子？

勾踐回答說：「西施復國有功，要封她做越國最大的夫人。」

這句話，引起了勾踐夫人心中的妒火，就決心要將西施剷除，去掉心腹大患。

西施被裝入痲袋沉入江中，《墨子》的「親士篇」中曾言：「西施之沉，其美也。」該是考證最有力的佐證。

西施死後，沒有墓，我無法像考證香妃、楊貴妃一樣，親自去造訪了她的墓，才著筆寫她的考證，但因我是蘇州人，寫西施的考證研究，我確是花了一些功夫的。

（發表於96年　月　日中央日報）

豬八戒照鏡子

——細說流行語

一

我們時常聽人說：「豬八戒照鏡子，裡外不是人。」

豬八戒本來就不是人，他是小說家吳承恩撰寫的《西遊記》中一個角色，《西遊記》中，唐三藏是人，其餘的是孫悟空，豬八戒，沙悟淨，都不是人，是一種動物，在電視，電影中，爲演出方便，就由人來飾演，但與一般人不一樣，豬八戒是豬頭人身，會說人話，眞正的豬，是不會說人話。

一般人說：「豬八戒照鏡子，裡外不是人」

進一步解釋，在鏡子面前照的豬八戒，他不是人是豬，而鏡子外面的也是豬八戒，兩面都不是人。沒錯。

不過一般人引伸出來，說這句話的含義，是在埋怨自己，就是做了一件事，原想討好某個人，結果並沒有達到目的，反而引起某人對他的誤會，等於辛辛苦苦做一件事，結果兩面不討好，就像「西遊記」中的豬八戒，他就是這樣的一個腳色。

吳承恩創造「豬八戒」這一個人物是有所依據的。原來吳承恩家鄉淮安，地方上有一個「二流子」，也就是一種遊手好閒的人物，他名叫朱八。吳承恩覺得這種人，只有戒懶，戒饞，戒偷雞摸狗，經磨練，才可能變成好人，他覺得世人應以此人爲戒，在創作過程中，也聽人講過「野豬精」的故事，這樣就在《西遊記》中塑造了「豬八戒」。

二

有人依據「八戒」是佛家語，依〈俱舍論〉之說：一、不殺生、二、不偷盜、三、不淫、四、不妄語，五、不飲酒，六、不塗飾香鬘歌舞及觀聽，七、不眠坐高廣大床，八、不食非時食。此「不食非時食」，是齋法。

提到佛教，就會與「菩薩」扯上關係，二十幾年前大英博物館內，由當年八國聯軍英帝國主義分子斯坦因氏盜劫走的敦煌唐人繪圖像〈大摩里支菩薩圖〉中有豬八戒的原始形象。這被盜劫的是一張幢幡，上繪大摩里支菩薩的腳踝前，有一隻小金豬，豬頭人身，兩手架開，做奔跑如飛狀，造型活潑顯出法力無邊的樣子，這就是後世傳說「豬八戒」的最早雛形。

元代楊景賢所寫的《西遊記》雜劇中，豬八戒自稱是「大摩里支腳下御車將軍」，到了明代，小說家吳承恩筆下的《西遊記》中，這位「御車將軍」變成唐僧西行取經挑行李的腳伕了。

這些圖像和密宗「佛說大摩里支菩薩經」中記載不同的地方，就在豬的造型上。經中說：菩薩坐在豬身上，有豬車；但畫像中的豬，卻是人身的模樣，其餘則畫像與經文一致的。比如這菩薩憤怒時，頭上有三張臉，每張臉上有三隻眼睛，可以現出八隻，六隻，或四隻胳膊，頭髮豎立起來，滿身熾焰像一團烈火。佛經中說，唸這個菩薩的名號，就火不能燒，水不能漂，足以制止毒藥，降伏冤家。又說如果修練有成，可以隱身，可以變身相，這些神通，都是塑造豬八戒形象的靈感來源。

豬八戒既與大摩里支菩薩關係密切，在唐三藏所譯的密教部「佛說摩利支之菩薩陀羅尼經」中，有一段話與《西遊記》故事也有關連。經中說：「王難中護我，賊難中護我，失於道路曠野中護我，晝日護我，夜中護我，水難中護我，火難中護我，羅刹難中護我，茶枳倆鬼難中護我，毒藥難中護我……」這麼多種危難，也許就是《西遊記》中經歷種種危難的張本吧？佛經中也說：「若有人識破摩利支天菩薩者，除一切障礙，王難、賊難、猛獸、毒蟲之難、水火之難。」則塑造摩里支菩薩左右的護法神，來作爲協助度過八十一難的角色，自有其淵源的關係。當然，在小說中，已把這位護法神象徵了更多的意義。他象徵佛教「戒定慧」中「戒」的層次，也象徵人性中基本的食色感官的層次，他也是每一個人內心慾望的化身。「豬八戒」這個名字與實質中兼含著禁慾與縱慾的兩個相反面，所以，充滿著修眞與貪婪的矛盾衝突。

三

在吳承恩《西遊記》中的豬八戒，是個製造喜趣的角色。在戲劇演出時，多半是豬頭人身」，由人來表演，同時是個肥胖且喜露肚皮的角色，在性格上，十足表達了他貪食，好色的慾望，且心直口快，動作憨魯，進了「盤絲洞」見了蜘蛛精變化成美女，饞涎欲滴，迫不及待的神態，最後出醜丟人現眼，逗引觀衆大笑。

就現實生活中，有一些寶斗裡的妓女等，卻膜拜「豬八戒」說是他們的祖師爺，因爲有「豬八戒」在暗中幫助，他們才可以生意興隆，財源廣進。

反顧《西遊記》小說中另兩個「護法神」：孫悟空與沙悟淨，就沒有豬八戒那樣吃的開了，你說不是嗎？

（發表於94·3·6青年副刊）

范蠡的《養魚經》

一

近因研究西施的史料，使我找到了范蠡後來被人稱做「陶朱公」的原因，他致富的捷徑，是他懂得養魚之道，所謂「水畜致富」，也許一般人不知道，這裡，容我向大家作一番報導。

原來，范蠡早就看出勾踐是個「可與共患難，不可同安樂」的人，所以當他復國成功以後，就辭官離他而去，臨走時，還留書信給好友文種，希望文種也跟他一樣，離開勾踐；文種沒有聽他的忠告，果眞吃到了苦頭。

范蠡辭官以後，隱姓埋名，泛舟在五里湖一帶，尋找謀生之道，後來由五里湖到齊國，改名爲鴟夷子皮，齊國的國君，聽說他是賢人，就任他爲相，范不想接受，交歸回相印，逃到陶山（今山東定陶西北），自稱「陶朱公」，做起買賣生意。

他造訪民間，發現養魚可以使人致富，他先動手廣泛蒐集養魚經驗，大約在公元前四六〇年，完成了一部《陶朱公養魚經》，這也是中國，甚至全世界最早的一本「養魚經」。過去，大家都知道吃魚、釣魚、網魚，卻不知如何「養魚」，更不知養魚可以致富之道。

范蠡的《養魚經》，不僅在戰國時代以後，對養魚事業起了推動作用，而且影響到歐洲的養魚事業，也產生了深遠的影響。據考證，從公元十三世紀起，《養魚經》所記述的鯉魚，從中國先後傳入德國、法國、英國、瑞典、丹麥等國，也是國人所不知道的。

二

在《養魚經》未問世以前，勾踐尚未雪恥復國，那時，他就聽從范蠡的建議，鼓勵百姓，在會稽山（今浙江紹興境內）的南池，挖鑿魚塘，養魚，稱之爲「水畜」事業，三年後，捕魚三萬尾，富國強民，越國亦因此崛起。

范蠡退隱五里湖後，（現五里湖正名「蠡湖」），爲太湖的一部分，湖上有河濱公園，又名「蠡園」。我年輕時，曾去湖中島上之「黿頭渚」玩賞過，風景雅致而優美。

范蠡之《養魚經》中，推崇鯉魚爲吉祥之魚，爲淡水魚中之極品，主要是因鯉魚會跳躍，可以跳出水面，俗話說「魚躍龍門」，指的就是鯉魚會跳躍，具有充分的活力。

《養魚經》中強調養魚人家拉網捕魚時，網中的魚，會潑刺潑刺地跳出水面，收網時，不要「一網打盡」，要用漏斗狀的抄網，將大魚、小魚分開，大魚送到「活水船」，轉往市場出售，小魚則放回池塘，繼續飼養。

「活水船」是一隻專供運送活魚的運輸船，艙底有網狀設備，與河水相同，因此活水船，無論航程多遠，船裡的魚依然活蹦亂跳，充滿活力，吃的時候，才新鮮可口。

鄰近太湖的無錫，是中國有名的淡水魚養殖地，沿著無錫的梁溪河畔，向西南行去，可見兩岸一方方的魚塘，一方連一方地綿延至五里湖畔，長達十餘公里，總面積一百廿公頃，養魚人家，難以數計。

人稱無錫、蘇州一帶，爲「魚米之鄉」，絕非浪得虛名。

三

記得，我童年時，在蘇州長大，常去太湖泛舟遊玩，父親常帶全家去船上吃船菜。原來，餐廳就設在船上，船有的靠岸停泊，方便食客上船，也有船停在湖中，方便遊湖的遊客，上船享用。

船的兩側都有魚簍靠在船側，客人上船，點菜、魚、蝦、鱔、蟹都是活的，魚當場視客人多寡，決定大小、魚別，將魚甩昏後，去廚房烹製，蝦有一種活吃的水晶蝦，用碗倒扣在盤子裡，吃的客人用筷子將活蝦夾住，蘸醬油呑食，因是水晶蝦，肉身透明，吃時，新鮮味美。

船菜做魚，還有一項特點，即將魚剖腹，取出內臟苦膽後，入油鍋煎時，用紙將魚頭包起來，煮熟後，端上桌前，再將紙撤去，魚頭因未有油炸，其魚腮有如活魚，還會動，證明確是活魚，如假包換。

在寶島五十餘年，我如今仍難忘童年吃船菜時的記憶。

（發表於九十六年四月十日中央日報副刊）

楓葉、烏桕、槭糖漿

月落烏啼霜滿天　江楓漁火對愁眠　姑蘇城外寒山寺　夜半鐘聲到客船

一

唐朝詩人張繼寫了一首「楓橋夜泊」的詩，千古傳誦，如今已列入中學的「國文」課本，而坊間出版的「唐詩三百首」等書籍，亦均將此詩列入，一首詩能歷久風行是很難得的事。

一般書籍對詩中「江楓漁火對愁眠」這一詩句，均解釋爲「江邊的楓葉和漁船的燈火，使我憂愁得睡不著。」

這是錯誤的，正確的解釋是：寒山寺前面，有一江橋（原名「江村橋」，又有一楓橋，原名「封橋」），橋下泊有漁船、客船、該處爲一交通要道，魚米之鄉、出產的糧食，運往京城均需經過此處，附近有一關卡，名鐵嶺關，「封橋」之名、亦因此而起。

詩人張繼坐客船經過此地，因考試落第、心情鬱悶、夜不成眠，驟聞寒山寺夜半傳來鐘聲，正巧附近有一「愁眠山」，乃有感而成此一詩句。

清・王瑞履寫的《重論文齋筆錄》，商務印書館出版！分上下兩册裝訂，共分十二卷，第九卷中，錄有此詩，下面註有下列一行文字：「江南臨水多植烏桕，秋葉飽霜，鮮紅可愛，詩人類指爲楓，不知楓生山中，性最惡濕，不能種之江畔也。」而該處並非江水，而是河水也。

清知名植物學家吳其濬，是嘉慶年間進士，曾任湖南省巡撫，著有《植物名圖考長編》廿二卷、《植物名實圖考》三十八卷，爲十九世紀中，我國兩部重要植物學專著，他說：「江南凡樹葉有叉歧者，多呼爲楓，不盡同類，又詩詞中「楓葉荻花」等的楓，爲秋令紅葉植物的代名詞。」

由上所述，可知江楓漁火之楓，實乃烏桕也，只是烏桕的葉子，到了秋天，也會變紅。一般人不知也。

按烏桕屬大戟科，落葉喬木，高二丈許，葉廣卵形而災，夏月開花形小色黃，單性，花後結實，大三分許，種子多脂肪，可製肥皀蠟燭。

二

說明了楓葉與烏桕之異同後，我想再進一步來談談槭葉，加拿大的國旗案上有槭葉，一般人因槭葉到了秋天，葉子也會變紅，就稱它爲楓葉。

加拿大國徽 Maple leaf 以及它出產的 Maple Syrup 台灣印製的「英漢辭典」，均是「楓葉」、「楓糖漿」，但大陸印行的「英漢辭典」一律是「槭葉」、「槭糖漿」，正確的是大陸的答案，進一步查「植物學辭典」，就知道台灣編的「英漢辭典」錯了。

楓屬金縷梅科，葉子是掌狀三裂。而槭屬槭樹科，葉子是掌狀五裂，七裂至十一裂，加拿大國徽的葉子是十一裂。

槭樹高數丈，葉對生，裂分尖銳有鋸齒果實爲雙翅果，小而平滑，二翅展開，能藉風力以散布種子，木材可作器具，亦爲觀賞植物。

遍遊世界各國的作家雁南飛，他曾遊歷過加拿大的多倫多，蒙特婁、屋太華、魁北克等城市，在他出版的「晨相思紐西蘭」書中，他提及旅遊時所見，一路紅楓鮮豔耀眼，景色特殊——加國紅楓，共有一百五十多種，難怪一般人只見到了秋天葉子會變紅的都稱之爲楓葉。

最後，結束本文，我要告訴大家，「封橋」怎麼會變成「楓橋」？原來是因張繼寫的「楓橋夜泊」這首詩太美了，所以才將「封橋」改爲「楓橋」，你想想看，封橋多俗氣，楓橋不旣富詩意，而又悠美悅耳嗎？

（發表於九十四年十一月一日中國文藝協會「文學人」第十期刊出）

附錄一

姜龍昭著作出版書目

作品名稱	類別	出版處所	字數	出版年月日
(1)烽火戀歌	獨幕劇	總政治部	約二萬	四十一年十二月
(2)奔向自由	獨幕劇	總政治部	約二萬	四十一年十二月
(3)自由中國進步實況	報導文學	中央文物供應社	約廿萬	四十九年十二月
(4)六六五四號啞吧	電視劇選集	平原出版社	約三萬	五十二年二月
(5)電視綺夢	電視劇選集	正中書局	約五萬	五十五年九月
(6)金玉滿堂	電視劇選集	菲律賓劇藝社	約十二萬	五十六年九月
(7)父與子	獨幕劇	僑聯出版社	約二萬	五十六年十二月
(8)碧海青天夜夜心	電視劇選集	商務印書館	約十二萬	五十七年一月
(9)一顆紅寶石	電視劇選集	菲律賓劇藝社	約十萬	五十八年二月
(10)金色陷阱	電視劇選集	東方出版社	約十二萬	五十八年六月
(11)故都風雲	廣播劇	軍中播音總隊	約二萬	五十九年四月

⑿孤星淚	多幕劇	僑聯出版社	約四萬	五十九年四月
⒀情旅	小說	新亞出版社	約六萬	五十九年五月
⒁春雷	小說	新亞出版社	約六萬	五十九年十月
⒂長白山上	圖書故事	新亞出版社	約六萬	六十年三月
⒃紅寶石	獨幕劇	中國戲劇藝中心	約二萬	六十年十二月
⒄長白山上（與人合編）	電視連續劇	正中書局	約五十萬	六十一年十月
⒅海戰英雄	廣播劇	總政治作戰部	約二萬	六十三年十月
⒆吐魯番風雲	多幕劇	商務印書館	約四萬	六十五年六月
⒇眼	多幕劇	商務印書館	約四萬	六十五年十二月
(21)海與貝殼	小說	正中書局	約十八萬	六十五年七月
(22)電視劇編寫與製作	論著	黎明文化事業公司	約十二萬	六十五年七月
(23)金蘋果	兒童歌舞劇	中國戲劇藝中心	約四萬	六十七年三月
(24)電視縱橫談	論著	聯經出版社	約十四萬	六十八年三月
(25)一個女工的故事	電影劇本	遠大出版公司	約八萬	六十八年六月
(26)姜龍昭選集	綜合	黎明文化事業公司	約十八萬	六十八年六月
(27)電視戲劇論集	論著	文豪出版社	約廿萬	六十八年十二月

(28)電視編劇理論與實務（與人合著）	論著	中視週刊社	約廿萬	七十年三月
(29)中華民國電視事業的回顧與前瞻	論著	中國電視公司	約廿二萬	七十年十月
(30)姜龍昭劇選（第一集）	電影劇	本遠大出版公司	約十八萬	七十一年四月
(31)姜龍昭劇選（第二集）	舞台劇	文史哲出版社	約廿萬	七十七年十月
(32)姜龍昭劇選（第三集）	廣播劇	文史哲出版社	約十六萬	八十七年三月
(33)姜龍昭劇選（第四集）	廣播劇	文史哲出版社	約八萬	八十八年三月
(34)姜龍昭劇選（第五集）	舞台劇	文史哲出版社	約八萬	九十五年五月
(35)戲劇編寫概要	論著	五南圖書出版公司	約卅萬	七十二年三月
(36)一隻古瓶	多幕劇	漢欣文化公司	約三萬	七十三年三月
(37)金色的陽光	多幕劇	文化建設委員會	約三萬	七十三年三月
(38)幾番漣漪幾番情（與人合編）	多幕劇	文化建設委員會	約四萬	七十三年三月
(39)英風遺烈	傳記文學	近代中國社	約十二萬	七十三年三月
(40)武昌首義一少年	傳記文學	黎明文化事業公司	約十二萬	七十三年三月
(41)母親的淚	多幕劇	教育部	約四萬	七十四年二月
(42)最後的一面	小說	晨星出版社	約十二萬	七十五年二月
(43)戲劇評劇集	論著	采風出版社	約十二萬	七十五年五月

⑷ 淚水的沉思	多幕劇	教育部	約四萬	七十七年八月
⑷ 香妃考證研究（正集）	考證	文史哲出版社	約十四萬	七十七年十月
⑷ 香妃考證研究（續集）	考證	文史哲出版社	約十八萬	八十一年三月
⑷ 血洗天安門	廣播劇	中興出版	約二萬	七十九年三月
⑷ 淚水的沉思（中英文對照）	多幕劇	文史哲出版社	約四萬	八十年十一月
⑷ 飛機失事以後（中英文對照）	多幕劇	文史哲出版社	約四萬	八十一年七月
⑸ 泣血煙花（中英文對照）	多幕劇	文史哲出版社	約四萬	八十一年十二月
⑸ 李商隱之戀（中英文對照）	多幕劇	文史哲出版社	約四萬	八十四年十二月
⑸ 李商隱	多幕劇	教育部	約四萬	八十二年四月
⑸ 如何編劇本	論著	新中國出版社	約十二萬	八十三年四月
⑸ 細說流行語（第一集）	考證	號角出版社	約十萬	八十二年八月
⑸ 細說流行語（第二集）	考證	號角出版社	約五萬	八十三年五月
⑸ 細說流行語（第三集）	考證	健行出版社	約十二萬	八十五年一月
⑸ 細說流行語（第四集）	考證	健行出版社	約十二萬	八十七年一月
⑸ 細說流行語（第五集）	考證	健行出版社	約十二萬	八十八年十二月
⑸ 細說流行語（第六集）	考證	健行出版社	約十二萬	八十九年十二月

(60)戲劇評論探討	論著	文史哲出版社	約十四萬	八十七年五月
(61)掀開歷史之謎	考證	文史哲出版社	約十二萬	九十年十二月
(62)楊貴妃考證研究	考證	文史哲出版社	約十五萬	九十一年七月
(63)楊貴妃之謎	多幕劇	文史哲出版社	約九萬	九十二年五月
(64)回祿殘存	綜合	文史哲出版社	約十五萬	九十二年九月
(65)錢能通神（有聲書）	綜合	文史哲出版社	約八萬字	九十四年二月
(66)西施考證研究	考證	文史哲出版社	約九萬字	九十四年二月
(67)細說電影編劇	論著	文史哲出版社	約九萬字	九十七年六月

附錄二

姜龍昭獲獎記錄

西元一九五二年　編寫兒童劇「榕樹下的黃昏」　獲臺灣省教育廳兒童劇首獎
西元一九五三年　編寫獨幕劇「奔向自由」　獲總政戰部軍中文藝獎獨幕劇第三名
西元一九五四年　編寫多幕劇「國軍進行曲」　獲總政戰部軍中文藝獎多幕劇佳作
西元一九五八年　編寫廣播劇「葛藤之戀」　獲教育部廣播劇獎佳作
西元一九六二年　編寫廣播劇「六六五四號啞巴」　獲新文藝月刊祝壽文首獎
西元一九六四年　編寫電視劇「青年魂」　獲青年反共救國團電視劇佳作
西元一九六五年　編寫廣播劇「寒澗圖」　獲教育部廣播劇獎佳作
西元一九六七年　編寫電視劇「碧海青天夜夜心」　獲中國文藝協會「最佳電視編劇文藝獎章」
西元一九六七年　編寫獨幕劇「父與子」　獲伯康戲劇獎獨幕劇第四名
西元一九六八年　編寫多幕劇「孤星淚」　獲伯康戲劇獎多幕劇首獎
西元一九七〇年　出版多種劇本　獲教育部頒發戲劇類「文藝獎章及獎狀」
西元一九七〇年　編寫連續劇「迷夢初醒」　使「萬福臨門」節目獲教育部文化局「金鐘獎」

西元一九七一年　製作電視連續劇「春雷」　獲教育部文化局「金鐘獎」

西元一九七二年　製作電視連續劇「長白山上」　獲教育部文化局「金鐘獎」

西元一九七二年　與人合作編寫電視連續劇「長白山上」獲中山文化基金會頒發「中山文藝獎」

西元一九七四年　製作電視節目「青天白日」　獲中國電視公司頒發獎狀

西元一九七五年　編寫宗教話劇「眼」　獲「李聖質戲劇獎」首獎

西元一九七五年　編寫電影劇本「勇者的路」　獲國軍新文藝金像獎電影劇本徵文佳作獎

西元一九七六年　製作電視節目「法律知識」　獲司法行政部頒發獎狀

西元一九七六年　編寫多幕劇「吐魯番風雲」　獲台北市話劇學會頒發第三屆劇本藝光獎

西元一九七六年　編寫電影劇本「一襲輕紗萬縷情」　獲電影事業發展基金會電影劇本佳作獎

西元一九七六年　編寫電影劇本「大海戰」　獲國軍新文藝金像獎電影劇本徵文銅像獎

西元一九七七年　製作電視節目「法律知識」　獲行政院新聞局「金鐘獎」

西元一九七八年　編寫兒童歌舞劇「金蘋果」　獲教育部兒童舞台劇本首獎

西元一九七九年　編寫電影劇本「鐵甲雄師」　獲電影事業發展基金會電影劇本優等獎

西元一九八〇年　電視編劇　獲臺灣省文藝作家學會頒發第三屆「中興文藝獎章」電視編劇獎

西元一九八一年　編寫舞台劇「國魂」　獲教育部舞台劇第二名

西元一九八一年　編寫電影故事「鳥棚中的奮鬥」、「吾愛吾師」　雙獲電影事業發展基金會入選獎

西元一九八二年　製作電視節目「大時代的故事」　獲中國國民黨頒發「華夏二等獎章」

西元一九八二年　獲國軍新文藝輔委會頒發「光華獎」

西元一九八三年　編寫舞台劇「金色的陽光」　獲文建會舞台劇本第二名

西元一九八三年　參加中華日報辦休閒活動徵文　獲第三名

西元一九八三年　編寫電影故事「老陳與小柱子」　獲電影事業發展基金會電影故事入選獎

西元一九八四年　編寫舞台劇「母親的淚」　獲教育部舞台劇第三名

西元一九八五年　編寫廣播劇「江爺爺」　獲中華民國編劇學會頒發「魁星獎」

西元一九八七年　因實踐績效評定特優　獲革命實踐研究院兼主任蔣經國頒發獎狀

西元一九八八年　編寫舞台劇「淚水的沉思」　獲教育部舞台劇佳作獎

西元一九八九年　編寫廣播劇「地下英雄」　獲新聞局國家建設徵文獎

西元一九八九年　編寫廣播劇「血洗天安門」　獲青溪新文藝學會頒發「金環獎」

西元一九八九年　編寫電影劇本「死囚的新生」　獲法務部電影劇本獎

西元一九九〇年　編寫電影劇本「綠島小夜曲」　獲法務部電影劇本獎

西元一九九一年　製作電視教材「大地有愛」　獲中國國民黨考紀委員會頒發獎狀

西元一九九三年　服務廣播電視屆滿三十年　獲行政院新聞局頒發獎牌

西元一九九三年　編寫舞台劇「李商隱」　獲教育部舞台劇獎

西元一九九三年　編寫廣播劇「李商隱之戀」上下　獲中華民國編劇學會頒發「魁星獎」

西元一九九六年　配合推行拒菸運動　獲行政院衛生署頒發獎牌

西元一九九七年　推行軍中新文藝金像獎徵文　獲國軍新文藝輔委會頒發「特別貢獻獎」

西元一九九七年　編寫廣播劇「異鄉」　獲中國廣播公司「日新獎」

西元一九九九年　編寫舞台劇「打開心門」　獲行政院新聞局頒發「劇本優勝獎」

西元一九九九年　編寫「真情城市」電視劇大綱　獲超級電視台徵文「優勝獎」

西元二〇〇六年　獲文建會肯定爲資深編劇家，出版「姜龍昭傳集」

附錄三

姜龍昭電影得獎拍攝情形

(一)一九七一年「大海戰」軍中文藝金像獎獲藝文銅像獎
(二)一九七五年「勇者的路」軍中文藝金像獎電影劇本類佳作獎
(三)一九七九年「鐵甲雄師」電影發展基金會優等獎
(四)一九八一年「烏棚中的奮鬥」電影發展基金會故事入選
(五)一九八一年「吾愛吾師」電影基金會故事入選
(六)一九五六年「情鎖」福華電影公司拍攝
(七)一九五七年「雪中蓮」林光曾電影公司拍攝
(八)一九五八年「長情萬縷」中央電影公司拍攝
(九)一九七九年「一個女工的故事」中央電影公司拍攝
(十)一九六六年「三燕迎春」邵氏電影公司拍攝
(土)一九八九年「死囚的新生」法務部拍攝
(圭)一九九〇年「綠島小說曲」法務部拍攝

㈩一九八三年「老陳與大柱子」電影基金會故事入圍

㈩一九六七年「碧海青天夜夜心」邵氏電影公司拍攝

國家圖書館出版品預行編目資料

細說電影編劇 / 姜龍昭著. --初版. – 臺北市：
文史哲, 民 97.05
面： 公分
ISBN 978-957-549-792-7（平裝）

1.電影劇本 2.電影理論

987.34 97010198

細說電影編劇

著 者：姜 龍 昭
出 版 者：文 史 哲 出 版 社
http://www.lapen.com.tw
登記證字號：行政院新聞局版臺業字五三三七號
發 行 人：彭 正 雄
發 行 所：文 史 哲 出 版 社
印 刷 者：文 史 哲 出 版 社
臺北市羅斯福路一段七十二巷四號
郵政劃撥帳號：一六一八〇一七五
電話886-2-23511028・傳真886-2-23965656
實價新臺幣二四〇元
中華民國九十七年（2008）七月初版

ISBN 957-549-792-7